暨南大学 企业发展研究所
企业发展研究书丛

声誉机制与独立财务顾问制度的有效性研究

巫　岑◎著

中国经济出版社
CHINA ECONOMIC PUBLISHING HOUSE
北　京

图书在版编目（CIP）数据

声誉机制与独立财务顾问制度的有效性研究／巫岑 著．
—北京：中国经济出版社，2019．12
（企业发展研究书丛）
ISBN 978-7-5136-5876-8

Ⅰ．①声… Ⅱ．①巫… Ⅲ．①上市公司—资产重组—财务管理—研究—中国 Ⅳ．①F279．246

中国版本图书馆 CIP 数据核字（2019）第 188526 号

责任编辑 姜 静 李玄璇 郑 潇
责任印制 马小宾
封面设计 华子图文

出版发行 中国经济出版社
印 刷 者 北京艾普海德印刷有限公司
经 销 者 各地新华书店
开 本 710mm×1000mm 1/16
印 张 12．25
字 数 194 千字
版 次 2019 年 12 月第 1 版
印 次 2019 年 12 月第 1 次
定 价 58．00 元
广告经营许可证 京西工商广字第 8179 号

中国经济出版社 **网址** www．economyph．com **社址** 北京市东城区安定门外大街 58 号 **邮编** 100011

本版图书如存在印装质量问题，请与本社销售中心联系调换（联系电话：010-57512564）

总　序

暨南大学企业发展研究所（以下简称“企发所”）成立于2003年，为广东省首批普通高校人文社会科学重点研究基地。经过多年发展，已形成社会责任观下的企业价值创造、行为公司财务和管理会计、生产运营管理与决策、品牌营销与服务管理、组织行为与人力资源管理五个成熟的研究团队。自2014年以来，企发所旗帜鲜明地确立了“企业转型发展”研究主题，立足广东省、服务大湾区经济，在科学研究、人才培养、学术交流、咨询服务等方面开展了一系列工作，涌现出一批具有影响力的标志性成果。2019年8月，企发所被广东省教育厅评估为“优秀文科平台”。

当前，全球经贸环境正发生深刻变化，经济形势面临严峻的挑战，企业唯有实现以技术创新和产业升级为核心的转型发展，不断提高其自身的竞争力，才能有效应对挑战。同时，我们也看到，我国企业转型发展理论研究迫切需要新的突破，这正是企发所集结学界、业界在相关领域共同展开理论与案例研究并汇集成书的初衷。

2015年，企发所已经开始着眼于当下的经济形势和社会需求，结合自身的研究特色，资助出版了第一批“暨南大学企业发展研究书丛”，获得了业内广泛认可和高度评价。今年，企发所再次资助出版第二批书丛共12本著作。本书丛主要围绕以下四个方面展开研究：

（1）通过建立财政科技资金绩效评价方法、指标及权重体系模型，科学评价广东省财政科技资金投入的绩效，为政府科学决策提供依据，进而提升广东省科技管理的能力。

（2）以传统行业的转型升级为背景，研究上市公司的并购，特别是规模较大的重大资产重组中的核心中介机构——独立财务顾问行为动机和经济后果的现实意义，为梳理、总结、改进声誉机制与独立财务顾问制度的有效性提供有益思路。

(3) 从企业持续发展的战略高度入手，开展管理模式创新研究。探索投资、知识创新、技术革新等要素对企业转型的推动作用，根据客户需求指引生产系统的动态定制，推动企业向规范化、服务化、创新化方向转变。

(4) 依托中国本土文化特色，从心理契约视角研究对品牌关系和顾客品牌决策的影响，寻找企业化解品牌危机以及通过品牌管理获得竞争优势的路径。

本次结集出版得到了中国经济出版社的大力支持，在书丛的编辑过程中，不仅注重每本书的学术水平，而且关注其使用价值。各位作者也都尽可能地将自己的最新研究成果阐述得通俗易懂，以启发更多的读者。由于这些研究成果仍有待完善，理论和方法还有不少值得改进之处，探索企业发展的研究还有待进一步深入。

希望通过此次的出版工作，一方面与国内外有关专家和同行分享相关领域的研究成果；另一方面接受各位专家的批评和建议，不断提高科研工作质量和科研成果水平，为粤港澳大湾区乃至全国的企业发展贡献绵薄之力。

特此为序。

卫海英

暨南大学企业发展研究所

2019 年 11 月

前　言

由券商担任的独立财务顾问是重大资产重组中的核心中介机构。依据《上市公司并购重组财务顾问业务管理办法》和《上市公司重大资产重组管理办法》，独立财务顾问发挥着交易与监督双重作用，不仅需要介入重大资产重组从筹划到整合的全部阶段，协助搜寻与确定标的，为包括定价在内的交易条款提供咨询意见，协助上市公司规避风险（包括交易风险和监管风险）等，还需要以独立的立场关注重组目的、方案、定价等是否公允，保证资产权属的清晰性和资产的完整性，评价重组后上市公司是否具备持续经营能力和持续盈利能力、盈利预测是否可实现、是否保持了公司经营独立性、中小股东利益是否受到侵害等问题，并就这些意见出具独立财务顾问报告。

声誉作为一种治理机制，可以约束独立财务顾问的行为，激励其提供高质量的交易与监督作用。独立财务顾问与上市公司之间存在代理冲突，作为代理人，独立财务顾问的首要动机是追求自身的利益，而不是维护委托人的利益，从而导致独立财务顾问试图说服上市公司接受一个较高的对价，以及追求交易的完结而非价值创造。然而，在声誉机制发展完善的市场中，出于维护声誉资本的目的，独立财务顾问会自觉约束机会主义行为，展现出服务于上市公司全体股东利益的良好形象，因此高声誉的独立财务顾问应该能够提供更高质量的交易作用，并在监督交易的公正性时保持更高的独立性。但如果声誉机制并不完善，独立财务顾问会更重视自身的利益，无助于甚至损害上市公司的利益。目前国内还缺乏相关文献，无法断定独立财务顾问的声誉机制在我国是否完善。西方文献尽管关注到了声誉对投行的财务顾问和公平意见两项业务的影响，但就声誉的影响后果未得到收敛的结论，原因在于，声誉机制发挥作用所需嵌入的现实背景被忽略了，即没有讨论究竟在什么情况下，声誉机制能够发挥约束财务顾问机会主义行为的作用。为弥补国内关于独立财务顾问的研究不足，本书将首先以声誉理论和代理理论为基础分析声誉机制对独立财务顾问行为的影响，然后检验独立财务顾问的声誉机制如何影响上市公司的聘请决策和重大资产重组的后果，其中重大资产重组后果问题分完成重组、重组协同效应和重组定价三个维度。本书通过实证检验得到关于声誉机制影响上市公司决策与重组后果的证据，从中总结出声誉机制对独立财务顾问行为动机的影响，进而归纳出国内独立财务顾问声誉机制的发展现状并提出政策建议。

本项研究得到了暨南大学企业发展研究所的出版资助，同时也是国家自然科学基金青年项目“声誉机制与独立财务顾问制度的有效性：来自重大资产重组的证据”（71802095）、中国博士后科学基金特别资助项目“独立财务顾问的独立性研究”（2019T120796）和中国博士后科学基金面上项目“关系联结下独立财务顾问的行为研究：基于两职合一视角”（2018M640888）的阶段性研究成果。本书的主要内容是在上述三个项目的在研阶段完成的，还有一些内容可以追溯到我在中山大学管理学院完成的博士论文，在此，也要特别感谢导师唐清泉教授对我博士论文的悉心指导，以及中山大学管理学院对我的培养。

上市公司的并购，特别是规模较大的重大资产重组，是传统行业做大做强与转型升级、国家战略性新兴产业快速发展与广泛融合的重要手段，也是实现混合所有制改革、优化国有资本配置的重要途径。在此背景下，讨论重大资产重组中的核心中介机构—独立财务顾问的行为动机和经济后果就具有突出的现实意义。在设立科创板并试点注册制的当下，市场对信息披露质量的要求越来越高，也就愈加凸显独立财务顾问鉴证重组公允性和信息真实性的重要意义。因此，本书的研究结论对维护投资者利益、促进资本市场健康发展具有一定的政策含义。当然，深入厘清独立财务顾问的行为动机和行为后果显然是一项复杂而艰巨的系统工程，任何一个研究视角都难免“以偏概全”“脱离实际”之嫌。但愿本书能够起到抛砖引玉的作用，为梳理、总结、改进独立财务顾问制度的有效性提供有益思路。

巫 岑

2019 年 9 月于广州

目　录

第1章 导 论

1.1 研究背景及研究问题

在宏观经济结构调整的背景下，上市公司的并购，特别是规模较大、涉及业务转型的重大资产重组，为增强企业实力、推动产业转型升级发挥了重要作用。但目前看来，这样的并购与重组活动并不能必然地改善上市公司质量、为企业和社会创造财富，并购后公司价值不升反降的例子比比皆是。并购难度大是一个重要原因。并购交易本身异常复杂，在正式实施之前，需经历意向性接触、框架协议签订、交易价格确定、董事会审议、股东大会决议、证监会审核通过等多个环节，实施过程中，也涉及资产交接、支付安排、人员调整以及经营、管理等各方面的整合，任何一个环节出了问题，都会导致并购达不到预期的效果。并购双方间的信息不对称、交易协商中的劣势、对经济和行业发展形势判断的失误等原因也加大了并购失败的几率。尽管绝大多数上市公司并不缺乏并购经验，但是作为一种战略安排或者投资决策，并购发生的频率还是远远低于其他企业活动，过往经验很难跟得上并购交易规模日益扩大、交易结构复杂化、股份支付及其他金融工具普及等实务创新的速度。特别是在重大资产重组中，信息披露、交易目的、条款、实施过程、交易后果等各个方面都受到证监会的严格监管，相关的法规和规范也在持续出台中，企业很难凭自身力量把握政策走向、应对监管要求，更大的交易规模也加剧了重组失败对上市公司的不良影响。所以，即使是最具经验的企业，在并购中仍然离不开专家的帮助（Sleptsov et al.，2013）。

经济市场中存在各类提供服务的中介机构，发挥着降低交易成本

(Scholes et al., 1976)、缓解信息不对称（于李胜等，2008）、联结社会网络（张文红等，2010）等作用。在并购中，律师、审计师、资产评估师等中介机构同样能够提供专业建议、减少交易摩擦，其中，由券商①担任的财务顾问②是中介机构的总协调者，对并购的重要性毋庸置疑（Calomiris and Hitscherich, 2007）。国内的并购市场处于证监会的监管之下，财务顾问的业务规范也受到政策的约束。依据《上市公司并购重组财务顾问业务管理办法》，财务顾问的业务范围包括但不限于尽职调查与估值、规避风险（包括交易风险和监管风险）、设计交易结构、协助上市公司披露信息，几乎涵盖了并购交易的整个过程。正因为财务顾问全方位地参与并购，拥有专业人才、知识储备，又熟知并购的各个方面，财务顾问提供的服务能够帮助上市公司顺利开展并购。本书将上述职能称为财务顾问的交易作用。

除了交易作用，在重大资产重组中，应《上市公司并购重组财务顾问业务管理办法》的要求，上市公司聘请的独立财务顾问③还必须履行监督作用，包括以独立的立场关注重组目的、方案、定价等是否公允，保证资产权属的清晰性和资产的完整性，评价重组后上市公司是否具备持续经营能力和持续盈利能力、盈利预测是否可实现、是否保持了公司经营独立性、中小股东利益是否受到侵害等问题。因此独立财务顾问需要保持独立于上市公司的身份和立场，不与上市公司存在持股、担保、兼职等利害关系，也不得为上市公司的交易对方提供财务顾问服务。在《上市公司重大资产重组管理办法》中，也要求独立财务顾问应当就重大资产重组是否构成关联交易、对上市公司非关联股东的影响发表意见，上述意见一般出具于上市公司披露的独立财务顾

---

① 考虑国内、国外使用的名称不同，本书在论述时，不区分券商（证券公司）和投行（投资银行），具体原因列示于第2章2.2节。

② 2005年修订和2014年修订的《中华人民共和国证券法》均规定，券商可以经营与证券交易、证券投资活动有关的财务顾问业务。可见在法律层面，并购中的财务顾问属于券商的业务范围。严格来说，本书所谓财务顾问指的是上市公司在重大资产重组中聘请的独立财务顾问。根据《上市公司重大资产重组管理办法》，独立财务顾问的职责除了一般的咨询，还需要以独立于交易双方的身份来评价重组事项的公正性。

③ 本书在论述时，如果针对一般并购或者引用国外的文献，采用“财务顾问”的名称，其余情况下采用“独立财务顾问”的名称。财务顾问包括独立财务顾问，但后者的业务范围更广。

问报告中的“本次交易的合规性分析”“本次交易所涉及的资产定价和股份定价的合理性分析”等章节。该职能类似于美国并购市场中投行为并购方或者被并购方出具的公平意见（Fairness opinions），不同的是，聘请投行出具公平意见是出于董事会①的需求，董事会希望能够明确并购对价是否符合标的内在价值（Kisgen et al.，2009）。购买公平意见并非法律或者管制上的强制要求，但是如果董事会购买了公平意见，可以在法庭之上作为董事免责的一项证据②。而国内独立财务顾问履行类似的职能主要是出于监管方面的目的，证监会将监管职责的一部分让渡给了独立财务顾问，后者在提供财务顾问服务的同时必须要履行该职责③，而且监督的是重组整个过程的公正性，不局限在对价上。本书将此称为独立财务顾问的监督作用。总之，重大资产重组中的独立财务顾问和一般并购中的财务顾问有所不同，独立财务顾问一方面需要以信息中介、沟通中介、协调中介等身份来帮助上市公司筹划与实施重大资产重组，另一方面，还需要从重大资产重组的实际流程中抽离出来，担任一定程度的监管者角色，兼具交易作用与监督作用。

大体上，交易作用的目的在于提升重组的经济性，监督作用的目的在于保证重组的公正性。在理想的状态下，独立财务顾问既可以凭专业知识提供高质量的咨询与协助服务，又可以应监管的要求，客观地监督重大资产重组的公正性，出具专业评价意见。然而现实情况并非如此，财务顾问（不限于独立财务顾问）失职的现象屡有发生，如2008年，在上海焦化资产注入三爱富的并购重组中，作为财务顾问的中金公司不仅未能察觉并制止内幕交易，中金公司项目组的成员还涉嫌泄露内部消息④；2013年，在ST宏盛重组中，

---

① 并购双方的董事会都有聘请投行提供公平意见的可能性，但本书关注的是并购方聘请财务顾问，因此主要讨论并购方董事会购买公平意见的行为。

② 最著名的案例莫过于1985年Smith和Van Gorkom的并购案，法院认为标的公司的董事未聘请投行发表公平意见，因此需要为并购造成的损失承担个人责任（Kisgen et al.，2009）。

③ 事实上，增强中介机构的“看门人”角色也是监管层面的一个趋势。资料来源：财新网，上交所加强一线监管　强调中介机构“看门人”责任［EB/OL］2017-5-5，http：//finance.caixin.com/2017-05-05/101086433.html.

④ 新浪财经．国泰君安前高管赔了夫人又折兵［EB/OL］2012-1-9，http：//finance.sina.com.cn/stock/quanshang/qsyj/20120109/034511153591.shtml.

因上市公司对重组终止原因的表述前后不一致，作为财务顾问的海际大和受到上交所处分①；2016 年 5 月，在梅花生物终止收购希杰第一制糖在中国的三家子公司之后，由于之前长期停牌后未与交易对方就同业竞争、业绩承诺达成一致意见，上交所追问担任独立财务顾问的中德证券是否勤勉尽责，履行了相关提醒义务②；2016 年 8 月，在＊ST 昆机股权转让重大事项流产之后，作为财务顾问的中德证券涉嫌未勤勉尽责，被中国证监会立案调查③。这些事件说明财务顾问在提供服务时可能并不以客户的利益为重。

上述问题可以归结为财务顾问与并购公司（在本书中即上市公司）之间的代理冲突。并购公司是委托人，财务顾问是代理人，代理人理应按照委托人的利益行事。然而，由于财务顾问并不持有并购公司的股份，代理人和委托人的利益显然是不一致的（Kesner et al.，1994；McLaughlin，1996）。并购又是一项发生频率不高的特殊投资活动，并购公司的专业知识大大少于财务顾问，自然很难监督和评价财务顾问的工作。财务顾问的大部分佣金被设计成交易总价的百分比、且交易完成后支付的形式更加剧了上述代理冲突（Kesner et al.，1994）。其他条件不变，被并购公司希望支付的对价越高越好，而并购公司则相反。财务顾问为了最大化自身利益，很可能会在其影响力的范围内尽可能去说服并购公司抬高对价，而且可能为对价过高的交易也出具公平意见，因为交易总价的提高可以直接增加财务顾问的佣金规模（Kesner et al.，1994）。此外，佣金条款也会引起财务顾问尽可能追求交易的完成，而不顾交易能否创造价值。McLaughlin（1990）指出了这样一个事实：95%的财务顾问佣金都与交易是否成功直接挂钩，结果一方面会导致财务顾问专注于保证并购顺利、快速地完成，不论交易是否事实上能为并购公司的股东创造价值，另一方面也使得财务顾问尽可能地去说服并购方提供更高的对价，以提高卖方董事会接受交易的可能性（Rau，2000；Kesner et al.，

---

① 证券日报．券商收取“财务顾问费”并购重组业务难做［N］．2013-7-10.

② 新浪财经．梅花生物收购终止被问责［EB/OL］．2016-5-25，http：//finance.sina.com.cn/roll/2016-05-25/doc-ifxsktkp9314456.shtml.

③ 财新网．＊ST 昆机股权转让流产余波：中德证券被查［EB/OL］．2016-8-11，http：//finance.caixin.com/2016-08-11/100976735.html.

1994）。这就使得财务顾问事实上更容易成为被并购公司的同盟，而非代表并购公司的利益，虽然它们是由后者聘请（McLaughlin，1990）。总之，在合约中将佣金与交易完成、交易规模联系起来会引发：①独立财务顾问试图说服上市公司接受一个较高的对价；②独立财务顾问追求交易的完结而非价值创造。

代理冲突的后果之一是独立财务顾问交易作用的无效性。独立财务顾问往往追求业务完成以获取佣金，而不顾当下发起并购可能并不适合并购公司的实际情况；或者独立财务顾问基于自身的偏好去寻找标的，如寻找更容易被说服或者被控制的卖方，而不为并购公司寻求最有价值、最可能产生协同效应的标的；或者在并购双方的谈判的过程之中，独立财务顾问本着佣金最大化的诉求，不为并购公司争取低的交易对价。上述情形都会造成并购公司的利益受损。

代理冲突的后果之二是独立财务顾问监督作用的无效性。交易作用和监督作用之间原本就存在内生的冲突性，监督作用相当于是要求独立财务顾问去评价自己深度参与交易的公平性，独立财务顾问并没有动机去真正发掘与披露自身的失职，追求交易完成的动机也使得独立财务顾问不愿意花费额外的时间和费用去识别可能损害中小股东利益的交易条款并要求上市公司修改。对于上市公司，同样缺乏“被监管”的动机。监督作用并非出于上市公司的需求，而是证监会的强制要求，是“附加”给独立财务顾问和上市公司的不得不履行的义务，在市场并未充分重视交易公正性和信息透明度的当下，上市公司缺乏动机去要求独立财务顾问履行有效的监督职能。缺乏动机，用合同来约束独立财务顾问的行为就更加重要，然而，独立财务顾问对监督作用并不单独收费，并且不同于交易作用的直接后果可以由交易成功和交易速度来反映，监督作用的效果并不容易被直接观察到，上市公司或者其他监管方缺乏明确的标准评价监督作用。也就是说，上市公司既缺乏动机也缺乏能力去要求独立财务顾问履行高质量的监督职能。在缺乏完善的激励与约束机制的情况下，独立财务顾问为了保证并购顺利、快速地完成，并最大化佣金，有动机为不公正（主要表现为溢价过高）的交易也出具公正意见。

那么，站在监管的角度，如何促使财务顾问去关注服务质量，约束不诚信行为，良性竞争，维护财务顾问市场稳定、健康地发展？站在上市公司的角度，应该如何选择财务顾问，又如何相信财务顾问的服务质量值得高昂的收费？站在财务顾问的角度，如何向市场展示高服务质量和高职业操守的形象，从而吸引客户？回答上述问题的关键在于如何约束独立财务顾问的机会主义行为，将独立财务顾问的利益诉求和并购公司统一起来。理论上，声誉能够作为解决上述问题的一种机制。声誉作为激励双方诚信交易、约束机会主义行为的治理机制，已经得到了很多经济学家的关注，他们就声誉如何形成、如何维持、会产生怎样的后果及约束条件等建立了一套完整的声誉理论。

依据 Kreps 等（1982）构建的“KMRW 声誉模型”，以及 Williamson（1979）、Kandori（1992）、张维迎（2004）等研究，声誉产生于如下的过程之中：在重复博弈中，交易双方只了解自己，不了解对方，且首要动机都在于自身利益最大化，如果某一方率先做出有损对方利益的举动，就暴露了自己的合作类型，另一方会选择终止合作或者“以牙还牙”，导致首先做出有损对方利益行为的交易一方长期利益受损。所以作为经济人，从自己的长远利益出发，为了树立一个合作的形象，交易双方都会自觉约束自身的短期投机行为。这就是声誉的形成过程。虽然是一项“无形资产”，但市场中的其他主体可以通过各种信息渠道获取关于声誉的信息。如 Megginson 和 Weiss（1991）提出的市场份额，他们在论述投行的声誉时，认为在一个成熟的证券发行市场中，投行的声誉是在市场竞争中形成的，竞争力与承销企业个数、发行金额成正比，因此也与市场份额成正比，市场份额就是投行竞争力、服务质量的体现。而且市场份额越高，投行会越担心声誉受损给未来收入带来负面影响，也就越重视保护声誉。因此，市场份额可以作为声誉的投射，向外界彰显投行能力强、道德高的良好形象。

声誉会对财务顾问的行为动机和行为后果产生影响，这得到了西方文献的广泛证实，但是，结论并不收敛。大体上财务顾问的声誉会对并购的后果产生如下三个角度的影响。第一，声誉代表了财务顾问更高的业务能力和职业操守，高声誉财务顾问会在高收费的前提下提供更高质量的服务，有助于协同效应和股东价值（Golubov et al.，2012；Kale et al.，2003），文献称之为“Superior deal”假设。第二，高声誉意味着财务顾问在完成交易上有更强的能力，因此财务顾问声誉与交易完成的速度或者成功率正相关（Golubov et al.，2012；Hunter and Jagtiani，2003），文献称之为“Deal completion”假设。但此时并购方股东价值与财务顾问声誉之间的相关性是不确定的，如果高声誉财务顾问只是在追求业务量和收入，不以客户的价值最大化为首要考虑，则两者之间可能是负相关或者不相关（Hunter and Jagtiani，2003；Ismail，2010；Rau，2000）。第三，McLaughlin（1990；1992）提出，在创造价值的意义上，财务顾问的作用不仅体现在识别出更好的标的、设计更有效的交易流程和条款从而创造更高的协同效应，还体现在谈判中为聘请财务顾问的那一方争取更高的利益，帮助在协同效应中分配到更多的份额，假定协同效应的规模是固定的，这种优势具有此消彼长的特征，更低的支付价格意味着被并购公司股东价值的减少和并购公司股东价值的增加（Bowers and Miller，1990；Kale et al.，2003），文献称之为“Bargaining power”假设。

至于应当用何种假设来解释财务顾问的行为动机，现有文献一般仅根据实证结果给出结论，然后反推财务顾问的行为动机，忽视了声誉机制发挥作用所需嵌入的现实背景，即究竟在什么情况下，声誉机制能够发挥约束财务顾问机会主义行为的作用。缺乏针对声誉理论的深入分析是现有文献的最大不足，如果一概假设声誉机制的有效性，则不太可能出现财务顾问声誉与并购公司股东价值之间不收敛的结论。注意到文献的不足，本书认为应当先明确财务顾问声誉的形成路径和作用方式，之后分析我国现实背景是否能满足声誉发挥功能的前提条件，最后才具体地讨论独立财务顾问声誉机制的作用后果。

本书将首先以声誉理论和代理理论为基础分析声誉机制对独立财务顾问行为的影响，并分析我国现实背景对声誉机制有效性的约束，其次讨论独立财务顾问的声誉机制如何影响上市公司的聘请决策和重大资产重组在各方面的后果，其中重大资产重组后果问题分完成重组、重组协同效应和重组定价三个维度。声誉机制的作用应当先体现在影响上市公司的聘请决策上，之后才是对重大资产重组的各项后果产生影响。本书通过实证检验得到关于声誉机制影响上市公司聘请决策与重组后果的证据，从中总结出声誉机制对独立财务顾问行为动机的影响，进而归纳出国内独立财务顾问声誉机制的发展现状并提出政策建议。

本书以国内 A 股市场上非金融行业的重大资产重组事件为样本，不包含一般的并购事件。原因如下：第一，一般的并购中财务顾问不受《上市公司重大资产重组管理办法》的约束，也不是所有的并购都属于《上市公司并购重组财务顾问业务管理办法》中规定需要对交易出具公正意见的情况①，因此一般并购中财务顾问是否具有监督作用是不一定的；第二，依据《上市公司重大资产重组管理办法》，上市公司在重大资产重组中必须要聘请独立财务顾问，因此不存在是否聘请的问题，而聘请与不聘请的决策可能内生于某些公司特征，本书的做法避免了人为划分样本造成的自选择问题；第三，重大资产重组意味着企业结构的实质性改变，对上市公司的影响比一般并购更为重大，更能凸显独立财务顾问的作用，而且避免了对一般并购样本限制标的规模②的主观性；第四，证监会对重大资产重组的信息披露要求更为严格，因此上市公司在披露重大资产重组事件时信息更为规范和全面，有利于本书数据的搜集，对于其他一般的并购事件，由于信息披露的不完全，很难识别出是否存在上市公司聘请了财务顾问但未披露的可能性，本书的做法也就避免了遗漏样本的问题。

1.2 基本思路和研究框架

总结 Kreps 等（1982）、Williamson（1979）、Kandori（1992）、Chemmanur 和 Fulghieri（1994）等文献，声誉机制要发挥功能，有必须满足的前提，最重要的两项在于，其一，声誉本质上是一种自律机制，也就是说，只有遵守声誉机制符合经济主体的理性选择，声誉机制才能够发挥作用，因此经济主体必须认识到，声誉在未来能够带来收益才有维护声誉的动机。其二，损害声

① 根据《上市公司并购重组财务顾问业务管理办法》第二十四条，包括上市公司收购、要约收购、重大资产重组、发行股份购买资产等。

② 比如，由于太小规模的并购对上市公司的影响有限，一般文献会删去支付对价在 100 万元或者 1000 万元以下的样本。

誉的机会主义行为会受到惩罚。交易对方根据声誉来决定是否要与某一经济主体签订合约，一旦声誉受损，交易对方不会愿意签订合约，损失后续合约就给交易主体造成了损失，这种潜在损失会对经济主体的行为产生威慑力。由于通过市场份额投射的声誉是外界的一种共识，因此此处所指的交易对方可以不固定为一个，而扩展为其余潜在的交易对象。概括而言，声誉机制发挥功能必须要满足的前提是，声誉会对经济主体未来收益产生关键影响，以及声誉一旦受损就会减少未来收益。引申到独立财务顾问的情境下，上述两项前提条件可以概括为：①独立财务顾问足够重视声誉对未来收益的影响；②损害声誉的行为会被识别、并使得独立财务顾问受到市场份额受损的惩罚。

我国的并购重组市场还处于市场化改革的过程中，最大的特征在于重大资产重组及财务顾问的业务范围、行为规范都在严格的监管之下，需要依据《上市公司并购重组财务顾问业务管理办法》《上市公司重大资产重组管理办法》等一系列政策和文件的要求。这样的现实背景首先可能不满足声誉机制发挥功能的第一个前提条件。独立财务顾问的业务受到严格的监管，而相关政策还在持续发布之中。正是因为政策的连续颁布，之前累积的声誉不一定会对之后的业务量产生决定性的影响。2013 年发布的上市公司并购重组分道制改革就是一个例子。只有所聘请财务顾问在执业质量评价中获得 A 类，并购重组项目才有可能直接进入豁免及快速审核通道。分道制改革对声誉产生的最直接影响在于，执业能力的评价结果会取代市场份额（声誉），成为上市公司在聘请财务顾问时优先考虑的因素，从而降低声誉对财务顾问未来业务的影响。而且执业能力的评价标准包括过去一年承接的业务数量、规模等，这反而会增加财务顾问压缩服务时间、快速完结交易的动机，将财务顾问的关注重心从长期收益转移到短期业务，与声誉机制应当起到的治理效果背道而驰。除了并购重组分道制改革，在政策连续颁布的当下，独立财务顾问对未来是否还会颁布其他政策、后续政策是否会影响目前累积的声誉价值无法形成确定的预期，削弱了其维护声誉资本的动机。

声誉机制发挥功能的第二个前提条件在于，损害声誉的行为会被识别、并使得独立财务顾问受到市场份额受损的惩罚，然而，这个前提条件也很难成立。独立财务顾问即使为了自身利益而损害了并购方的利益，也很难被识别并受到惩罚，因为会有很多的复杂因素影响重大资产重组的长期绩效，包括宏观经济与行业形势，即使绩效低于预期，很难归因于独立财务顾问的失职。投资者、其他上市公司看不到上市公司与独立财务顾问签订的合同，不能确定独立财务顾问在多大程度上参与了并购，是并购的发起者，还是只协助披露信息，因此很难确定独立财务顾问需要为此承担多大程度的责任。也就是说，市场很难对独立财务顾问施加惩罚。而且在很多情况下，投资者只追逐短期利益，并不真正关注声誉的鉴证作用是否实至名归（黄春玲，2005）。还有另一个可能的原因：重大资产重组的长期经济后果可能并不是上市公司或者作为重组主导方的大股东最为关注的，因此，独立财务顾问即使需要为差的重组绩效承担一定的责任，后续业务也不会受到影响。重大资产重组中的大多数发生在关联方之间，如果主导重组的大股东借机掏空上市公司，会更关注议案能不能通过公司内部决议和证监会审核，而不是重大资产重组对上市公司价值的影响。由于高声誉财务顾问在保证并购重组通过董事会决议上有更多优势（Wang and Whyte，2010），且聘请独立财务顾问的决策很可能是大股东意愿的体现，因此，只要高声誉独立财务顾问有办法帮助重组通过审核、顺利完成，其市场份额就不会因为服务质量降低而减少。

当声誉机制不够有效、维护声誉的意义不再重要时，独立财务顾问追求短期利益的动机就凸显出来了。在短期利益最大化的动机之下，独立财务顾问对业务重“量”不重“质”，压缩服务时间，或者将资源分配到主营业务之外，导致交易作用的质量降低。另外，业务之间内生的冲突性原本就不利于独立财务顾问保持立场的独立性（Kisgen et al.，2009；Makhija and Narayanan，2007），在最大化短期利益的激励下，高声誉的独立财务顾问更加可能发挥“包装美化”的经验来保障重大资产重组通过股东大会决议与证监会审核，而不顾不公正的交易是否会损害中小股东或者上市公司的利益。也就是说，不够完善的声誉机制可能会同时导致独立财务顾问交易作用和监督作用的无效性。

声誉机制的作用首先应当体现在影响上市公司的聘请决策上，之后才是对重大资产重组的各项后果产生影响。但是根据本书的分析，独立财务顾问对上市公司聘请决策及完成重组的影响并不受声誉机制是否有效的约束，考虑现实中重组很大可能是由大股东主导，只要高声誉独立财务顾问具有按照流程协助完成重组的能力，且有助于重组通过股东大会和证监会的审核，上市公司或者主导重组的大股东仍然会出于交易作用或者监督作用的原因聘请高声誉的独立财务顾问，高声誉独立财务顾问也能够高效率地完成重组。但是，声誉机制的有效性会体现在对重组协同效应和重组定价的影响之中，如果独立财务顾问的行为动机主要受到代理冲突的影响，那么会对重组的价值创造产生不利影响，且无助于上市公司支付较低的溢价从而在重组中获得更多的价值分配。

具体来说，本书第 4 章首先讨论了声誉机制对上市公司聘请独立财务顾问决策的影响，然后在第 5 章、第 6 章、第 7 章分别检验了声誉机制影响下的完成重组、重组协同效应和重组定价三方面重组后果。在每一章的理论分析与实证检验中，本书同时考察了声誉机制对独立财务顾问交易作用和监督作用的影响。图 1-1 概括了本书的基本研究思路。

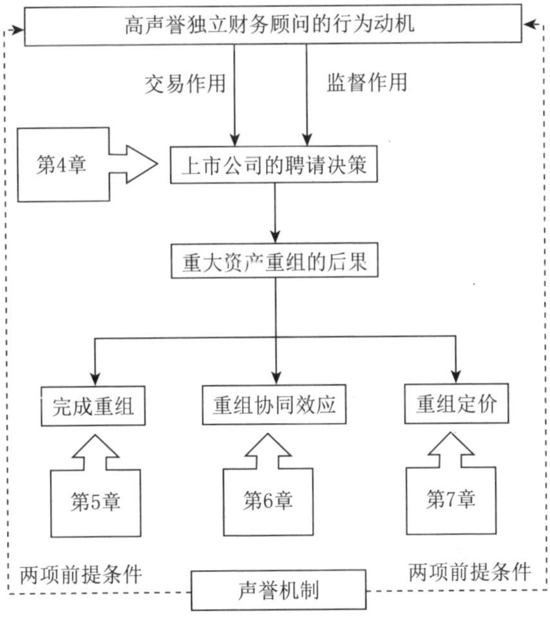

图 1-1 基本研究思路

遵循上述基本思路，本书的研究框架如图 1-2 所示。

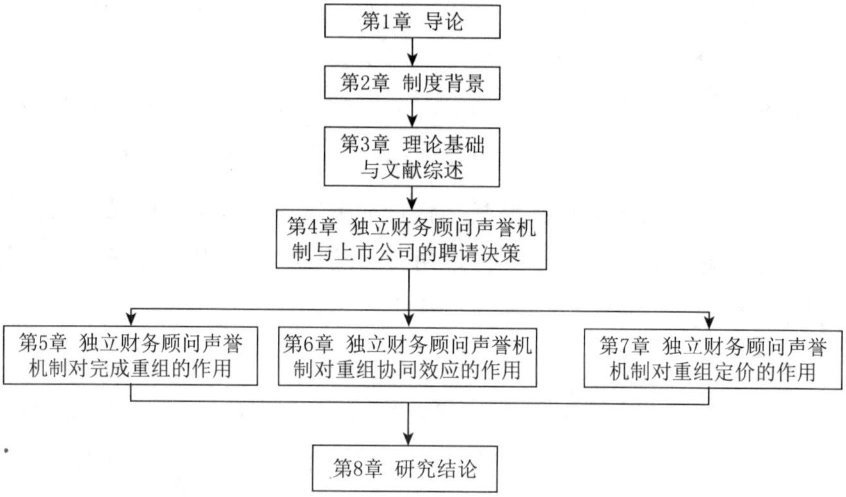

图 1-2　本书框架

1.3　研究目标、创新性和研究局限

1.3.1　研究目标

声誉机制对于约束分析师、审计师、承销商等中介机构的行为、促进中介机构市场的良性发展具有重要意义。国外有一系列文献讨论声誉影响下投行财务顾问业务或公平意见业务对并购的影响，而国内还缺乏实证文献关注财务顾问或者独立财务顾问。然而，西方文献在讨论投行声誉时，忽略了对声誉机制发挥功能前提条件的分析，这可能可以解释为何文献未对声誉的作用后果得到收敛的结论。国内的并购重组与财务顾问市场还在发展之中，独立财务顾问的业务许可、业务范围、执业规范等受到严格的监管，上市公司实施重大资产重组的目的也可能是多重的，在此背景下，独立财务顾问的声誉机制是否有效还需要实证检验。

独立财务顾问具有交易、监督两项作用并且声誉机制会影响两项作用的效果，这两项作用对上市公司的聘请决策和重组的各项后果会产生怎样的影响、影响的程度如何，是国内文献还未涉及的一个全新话题。国外文献均单独地研究投行的财务顾问业务或公平意见业务，缺乏对两项业务之间共性和区别的讨论。注意到现有文献的不足，本书的目标在于：

第一，基于代理理论和声誉理论，建立一个声誉机制约束代理冲突、影响独立财务顾问行为动机的理论框架并将国内的现实背景嵌入此框架之中；

第二，明确独立财务顾问的交易作用和监督作用并区分代理冲突和声誉机制对这两项作用的影响；

第三，运用本书构建的声誉机制理论框架，从上市公司聘请独立财务顾问的决策到独立财务顾问影响下的完成重组、重组协同效应与重组定价，在一个完整的逻辑下分析独立财务顾问声誉机制对重大资产重组产生的作用。

通过上述分析，本书不仅可以得到独立财务顾问声誉机制有效性的总体结论，还可以通过区分声誉机制在交易作用和监督作用中的表现，反映出独立财务顾问行为动机受到声誉机制的具体影响。本书期望通过以上内容展现我国独立财务顾问的声誉机制从聘请决策到总体后果再到影响机制的完整作用过程，检验政策约束下独立财务顾问的行为动机，为在实践中重塑我国独立财务顾问声誉、规范独立财务顾问行为、完善信息披露制度、促进我国并购重组和财务顾问市场的健康发展提供理论支持和政策依据。

1.3.2　创新性

本书可能的创新之处在于：

第一，本书弥补国内关于财务顾问实证文献的空白，并通过对代理冲突与声誉机制的分析填补国外文献在理论分析中的不足。大体上，国外文献是以实证结果反推声誉对财务顾问行为动机的影响，缺乏理论具体分析财务顾问的机会主义行为如何影响并购的各方面及声誉是否能同时约束这些行为对并购各方面的影响①，且忽略了考察声誉发挥功能的前提条件，如果按照国外文献的思路一概先验地假设声誉机制的有效性，则不太可能出现现有文献中关于财务顾问声誉后果不收敛的结论。本书先参考 Sharma（1997）、Kesner 等（1994）、McLaughlin（1996）等文献总结了代理冲突对独立财务顾问行为动机的影响，并将此影响细分到了交易作用和监督作用之中，再根据 Kreps 等（1982）、Kandori（1992）、McLaughlin（1996）等文献总结出独立财务顾问声誉机制发挥功能的两项前提条件，通过对我国现实背景的分析提出财务顾问行为动机的两种可能性（见第 3 章图 3-1），然后，明确独立财务顾问声誉机制发挥功能与否会影响重组协同效应、重组定价，但不会影响上市公司聘请动机、重组完成，从而弥补了 Golubov 等（2012）、Kisgen 等（2009）等文献将投行声誉对并购完成、并购绩效的影响等同看待的不足。本书为描述独立财务顾问声誉机制的作用方式和影响后果建立了完整的理论框架。在实践上，本书能够就独立财务顾问和财务顾问市场发展如何、声誉机制是否能约束中介机构行为等实践问题给出基本的结论，并就此给出政策建议。

第二，本书同时在交易作用和监督作用的角度分析了独立财务顾问声誉机制对上市公司聘请动机、完成重组、重组协同效应和重组定价四个方面的影响，而国外文献一般是单独讨论财务顾问作用（Rau，2000；Ismail，2010；Golubov et al.，2012）或者公平意见作用（Makhija and Narayanan，2007；Kisgen et al.，2009；Chen，2010；Cain and Denis，2012），无法获知在同时提供财务顾问服务和公平意见服务的情况下，投行的声誉会对上市公司的决策和并购的后果产生怎样的影响。通过对两项作用的深入分析，本书还通过声誉的内涵、声誉机制的前提约束条件未被满足和上市公司的需求等原因给出了业务冲突会造成监督作用而非交易作用“被牺牲”的原因。Makhija 和 Narayanan（2007）、Kisgen 等（2009）、Chen（2010）等文献在讨论如果担任财务顾问的投行同时提供公平意见服务的后果时，尽管在理论分析中提及业

① Kesner 等（1994）较为详细地分析了代理冲突对财务顾问行为动机与后果的影响，但认为声誉机制不太可能对财务顾问起作用，因为财务顾问行业由寡头垄断，且并购公司对财务顾问的依赖度很高。Mclaughlin（1996）分析了声誉机制对约束财务顾问行为的作用，但仅以实验的方法进行了验证。

务之间的冲突，但限于研究问题的边界，并没有就为何质量降低的不是财务顾问业务而是公平意见业务给出解释，因此本书还有助于深化对业务内生冲突下独立财务顾问监督作用的认识。

第三，国内的制度背景为检验财务顾问的行为动机提供了一个特殊的设定，即在强制性的政策约束下，声誉机制是否仍然能有效解决独立财务顾问在交易与监督作用之间内生的冲突性，本书因此也是对 Makhija 和 Narayanan（2007）、Kisgen 等（2009）、Chen（2010）等关于投行公平意见文献的补充。交易作用是上市公司聘请独立财务顾问的主要原因，而监督作用是证监会的强制规定，独立财务顾问必须“监督”，而上市公司必须“被监督”。至于强制性的政策是约束了还是放大了独立财务顾问在代理冲突下的机会主义行为则并不确定。国外文献已经发现投行在财务顾问和公平意见两项业务之间存在利益的冲突，而声誉有助于解决此冲突（Kisgen et al.，2009），国内的制度背景正好可以用来检验在强制的政策约束下声誉机制是否依然有效。然而本书发现，声誉机制的有效性仅体现在独立财务顾问的交易作用中，以政策来强制要求独立财务顾问提供监督作用是否合理需要反思。

第 2 章　制度背景

2.1　并购与重大资产重组

并购是兼并与收购的合称，来自英文 Merger and Acquisition（M&A）。兼并指一个企业有偿接收其他企业的产权，导致另一方丧失法人资格，或法人实体、投资主体发生变更，形式可以是承担债务或者控股。收购则一般指购买其他企业的部分产权（未导致法人资格或者实体变更）或者资产（资产所有权转移）。中国情境下的并购定义比较模糊，包含企业重组、企业资产控制权、企业所有权结构等的变更，即泛指一切引起企业所有权改变或资产产权转移的行为。按照 CSMAR 数据库的分类，企业并购重组的类型可以广义地包括资产收购、资产剥离、资产置换、吸收合并、股权转让、债务重组、股份回购。国内文献一般关注的是上市公司作为并购方（买方）发起的并购重组，因此主要关注资产收购和吸收合并两类，其中资产收购中包括购买股份和资产，基本上吻合对并购分为兼并和收购的定义。

本书中的样本限定为上市公司的重大资产重组。重大资产重组是一类特殊的并购，根据《上市公司重大资产重组管理办法》，重大资产重组指的是上市公司（也包括其控股或者控制的其他公司）购买、出售或者通过其他方式交易资产达到一定的比例，导致上市公司基本面发生重大变化。上述比例可以以购买、出售的资产总额、产生的营业收入或者资产净额中任一项来衡量，只要满足任意一项即构成重大资产重组。因此，重大资产重组实际上就是一类标的规模特别大、影响后果特别显著的并购。这种定义和分类方式只见于中国，未见于西方文献与实务，因此在本书的文献引用与论述之中，并不区分并购和重大资产重组。

一般情况下，上市公司发起重大资产重组是为了实现业务的重大转型，置出缺乏发展潜力的资产，置入优质资产，因此，很少见只出售资产而不购买资产的情况，在本书的样本中亦不包含此情况。由于本书讨论的是独立财务顾问通过咨询、协助、监督等职能在创造协同效应、增强上市公司价值方面的作用，所以，只关注上市公司作为重大资产重组中并购方的角色，其中并购方，或者买方，指的就是上市公司，标的指的是上市公司购买的资产或者股权；被并购方，或者卖方，指的是标的原来的所有者；独立财务顾问指的是上市公司聘请的独立财务顾问，其称谓中包含“独立”，是因为根据《上市公司并购重组财务顾问业务管理办法》，重大资产重组中的财务顾问有特别的职责，要以独立于买卖双方的身份关注与评价重组从发起到完成整体过程中的公允性、重组是否有助于维持资产权属的清晰性和完整性、盈利预测的可实现性、是否侵害了上市公司或者中小股东的利益。就上述问题提供的评价意见呈现在独立财务顾问报告中的“交易的合规性分析”“交易所涉及的资产定价和股份定价的合理性分析”等部分。

2.2　财务顾问与独立财务顾问

并购中的财务顾问由证券公司（券商）担任，证据如下。第一，2005 年修订和 2014 年修订的《中华人民共和国证券法》均规定，经国务院证券监督管理机构批准，证券公司可以经营的业务包括与证券交易、证券投资活动有关的财务顾问，可见在法律层面，并购中的财务顾问属于券商的业务范围。第二，2008 年 8 月开始实施的《上市公司并购重组财务顾问业务管理办法》第一条指出，该办法用于“规范证券公司、证券投资咨询机构及其他财务顾问机构从事上市公司并购重组财务顾问业务活动”，可见除了券商，其他的金融机构也可以为并购提供财务顾问服务。不过在实务中，券商占据了并购财务顾问业务的绝大部分，在本书选取的重大资产重组事件中全部的独立财务顾问均由券商担任。第三，2013 年审核分道制开始实行，证监会制定了《证券公司从事上市公司并购重组财务顾问业务执业能力专业评价工作指引》，以券商为评价对象，公布的能力评级结果中，也全部都是券商。本书特别强调担任独立财务顾问的经济主体，是因为文献部分将讨论独立财务顾问与券商的另一项主要业务——证券承销的异同，在理论分析中也将参考文献中对承销商声誉的分析。

我国的金融实务常常混用投行（投资银行，Investment bank）和券商（证券公司，Securities firm）两个概念。在美国，早期的银行兼营商业银行业务、证券交易和承销业务，这是投资银行名称的由来。在我国，投资银行只是一种业务，主要指证券的发行和承销，由券商的投行部负责，券商才是具有法人资格的经济主体。但由于西方文献均使用投行的概念，本书在论述中不区分券商和投行。

20 世纪 80 年代是我国证券市场发展的起点，深圳经济特区证券公司是我国第一家券商。证交所成立之后，券商的业务被规范化。1998 年，《中华人民共和国证券法》规定，证券业务由券商专营。相比证券承销等一般业务，券商的并购财务顾问业务发展的更晚，大体上始于 1995 年中信并购业务部门的成立。随着并购业务井喷式发展，财务顾问的角色逐渐受到重视，但目前财务顾问业务仅占券商收入的极小一部分，券商尚未能完全发挥其在企业并购中的优势，还存在巨大的发展空间。

至于独立财务顾问，是一类特殊的财务顾问，且业务范围比财务顾问更广。《上市公司重大资产重组管理办法》规定，独立财务顾问应当评价重大资产重组是否构成关联交易、关联交易对非关联股东的影响。类似的，在《上市公司并购重组财务顾问业务管理办法》之中，对于重大资产重组中的独立财务顾问，除了一般搜寻信息、撮合交易等咨询与协助职责，也规定了其需要以独立的立场关注重组目的、方案、定价等是否公允，保证资产权属的清晰性和资产的完整性，评价重组后上市公司是否具备持续经营能力和持续盈利能力、盈利预测是否可实现、是否保持了公司经营独立性、中小股东利益是否受到侵害等问题。因此，对于重大资产重组中的独立财务顾问，除了要履行撮合交易、咨询、协助等职能之外，还需要就交易的公正性出具专业评价意见，本书把这两项职责分别概括为独立财务顾问的交易作用和监督作用。2.3、2.4 将具体分析两项作用的内容。

2.3　独立财务顾问的交易作用

公司并购整体上包括三项流程：准备、实施与整合。在准备阶段，并购方确定并购战略，也可能确定好意向标的，之后就会尽快聘请中介机构，包括财务顾问、审计师、律师、评估机构等。准备阶段的重点在于尽职调查，尽可能全面了解标的基本情况，因为标的是决定并购能创造多大程度协同效应的关键。实施阶段包含并购谈判、签订并购合同、履行并购合同等，其中并购谈判耗时最长，决定了并购双方的价值分配。整合阶段则决定了标的能否在业务、管理、人力资源、财务、文化等各个方面融合进并购方。

上述是并购的一般流程，而考虑我国政策层面对并购特别是重大资产重组的严格监管，重大资产重组的具体流程包括①：①初步磋商；②聘请独立财务顾问等中介机构；③制定盈利预测，确定初步定价；④董事会决议，在次一工作日披露上市公司重大资产重组预案、董事会决议及独立董事的意见，这一般就是重大资产重组的首次公告日，本书据此确定事件窗口及事件所属年份；⑤股东大会决议；⑥证监会审核；⑦实施；⑧实施之后独立财务顾问持续督导。由此流程可见，独立财务顾问早在重大资产重组的准备阶段就参与进来，作用一直持续到实施重组之后。

根据《上市公司并购重组财务顾问业务管理办法》，重大资产重组中独立财务顾问的作用涉及并购的整个流程，包括帮助上市公司评估及控制交易中各方面的风险、就交易方案与条款内容提供建议、协助上市公司做好信息披露、核查申报文件的真实性并出具专业意见、回答证监会的质询、持续督导等。至于财务顾问的持续督导作用，延续到了并购的实施之后。根据《上市公司并购重组财务顾问业务管理办法》第三十一条，督导工作包括督促当事

---

①　资料来源：中国证券业协会，《证券发行与承销》，中国财政经济出版社，2011：469-483；《上市公司重大资产重组管理办法》。

人按照并购重组方案完成过户等各种手续并及时披露信息、督促上市公司完善公司治理并完成各项承诺等。概括而言，其职责包括尽职调查与估值、规避风险（包括交易风险和监管风险）、设计交易结构、配合监管等。

既然全方位地协助了上市公司，独立财务顾问的参与应当能够为并购重组创造更高的价值，具体原因可以概括为以下几方面：

（1）降低并购公司与标的间的信息不对称。

在并购重组中，信息不对称是导致风险与困难的关键因素之一（Agarwal et al.，2012）。对于作为并购方的上市公司，如果不能获取关于标的全面、客观的信息，将在对标的估值上出现偏差，甚至可能出现标的选择并不符合并购目标的情况；而卖方自然希望只披露有利信息，隐藏或者扭曲不利的信息，并购方可能获取不到真实的信息。特别是在我国上市公司并购中，标的往往来自非上市公司，后者缺少公开披露的信息，且治理结构、内部控制制度往往不够健全，加重了标的信息不透明的问题。在此背景下，独立财务顾问的介入可以有效降低并购方的信息劣势。通过累积的人脉与关系资源，独立财务顾问能够在最大范围内为上市公司搜寻符合并购战略的标的，并且能对标的具体情况进行准确的分析、判断，如标的业务的优势与不足、销售方式与渠道、品牌价值、定价策略、供应商情况、研发状况，财务方面诸如收入与成本的配比情况、融资方式、资本结构、运营资本，会计方面诸如聘请的审计师、历史审计意见、会计政策与估计、税收优势和税收筹划情况，人事方面诸如股东结构、管理层结构、管理者经验、工资安排、员工结构、福利，法律方面包括各项公司章程是否完整、业务牌照与许可、法律纠纷案件，涉及标的各个方面。此外，标的状况还要放在行业、宏观经济等大背景下判断，因此独立财务顾问介入的尽职调查还包括产品与服务涉及的政策法规、政府关系、市场集中度、行业生命周期、行业与整体经济市场的关系等。根据对上述项目的调查，独立财务顾问能够判断与预测标的价值、标的与并购方的匹配情况，从而为并购方挑选最有可能创造协同效应的标的。上述尽职调查如果由并购方亲自完成，需要花费人力、物力，而独立财务顾问是这方面的专家，拥有一流的人才和广泛的信息渠道，熟悉并购方面的专门知识，并积累了丰富的经验，因此善于搜集和分析各类信息，可以在较低的成本下提供更高质量的信息。根据独立财务顾问对标的价值的评估，并购方还能够更好地预测并购双方企业合并之后是否能创造比单独两个企业更大的价值（Singh and Montgomery，1987），因此，独立财务顾问的价值还体现在并购企业内外部资源协同价值的评估之上（Reuer and Koza，2000；Hayward，2003）。

（2）降低交易过程中的交易成本。

交易过程中各方之间的利益冲突是一大难题。标的价格的确定是谈判的关键，高的价格损害了并购方的利益，但能为卖方创造更多收益，低的价格则相反，因此交易双方都会投入大量的成本谨慎地去确定标的价值，并在谈判中尽量争取对己方有利的条款，这些不管是时间还是金钱上都是巨大的支出。而独立财务顾问拥有专业信息渠道，有能力以低的成本去获取标的真实价值，并且在谈判中协助制定双方都易于接受的交易条件，并借由以往经验给出具有说服力的理由，从而减少讨价还价成本。除了价格之外，并购双方还会重点关注支付方式、过户日期、人员调整等，均与自身利益息息相关，因此，谈判及调整合同明细往往要耗费很长的时间。如果并购双方通过独立财务顾问这个中介机构来谈判，就比双方直接讨价还价的摩擦要小很多，能降低谈判过程中的交易成本。作为上市公司聘请的独立财务顾问，独立财务顾问会尽可能为上市公司争取到有利的条款，从而使得上市公司在协同效应中的价值分配最大化（Golubov et al.，2012；Thomas，1995），也就是说，独立财务顾问降低交易费用的作用不仅有利于并购协同效应的最大化，还能够帮助作为并购方的上市公司分配到更大比例的协同效应。

（3）降低交易风险。

第一，并购并不是一项高频率的企业战略或者投资活动，因此并购方受信息、经验的局限，很难准确地判断标的真实价值及标的是否符合并购目标，导致并购的效果并不好。而独立财务顾问早在发起交易时就进入了项目，可以在各方面帮助控制可能造成并购结果不符合战略目标的风险。当然，如果交易过程中发现的问题无法通过调整交易条款来解决，尽快终止交易才能将损失最小化。第二，孙轶、武常岐（2012）指出，并购风险的一个来源在于并购后的管理，如整合失败。但是这类风险的源头也在于对标的不够了解，不能清楚认识标的本身的盈利能力及与上市公司的匹配度，从而不确定应当如何安排标的之后的治理结构和经营战略，或者不确定需要在多大程度上将标的整合到上市公司中去，而独立财务顾问具有的降低信息不对称作用有助于深化对标的价值的理解，缓解整合失败的风险。第三，在交易过程中也存在诸多风险，如对标的信息和交易过程的必要保密措施是否完善、时间表的控制、经济与行业市场波动造成的标的价格变动等，而独立财务顾问职责中的重要一项就是就项目的整体风险出具全面客观的分析，对影响交易结果的风险进行重点提示并对如何消除风险提供意见。独立财务顾问内部的质量控制流程和内部监督机制有助于尽快识别风险，独立财务顾问处理各类风险的经验和专业水平则有助于为客户消除风险提供帮助。第四，除了信息不对称，监管与法律问题也可能造成并购失败，而《上市公司并购重组财务顾问业务管理办法》中的（二）（三）（四）（五）（六）项业务要求里均提到了财务顾问对消除这类风险的作用。

此外，独立财务顾问也可以为并购方提供过桥融资，但由于与并购价值之间的关系较为间接，且缺乏可检验的数据，本书不做展开。

Sleptsov 等（2013）指出，财务顾问是以中介机构的身份介入并购交易中去的，辅助并购企业作出决策，因此财务顾问的建议是被当做参考，而非被全盘接受，但由于企业本身缺乏并购的经验，作为承担最重要角色的中介机构，独立财务顾问提供的信息能够在很大程度上影响标的选择、评估、定价、交易结构等。随着并购井喷式发展和并购市场化改革，并购交易规模日益扩大、交易结构复杂化、股份支付及其他金融工具的普及都使得企业很难独立地完成并购，独立财务顾问的角色将更加重要，职责从跟随客户、整理审核材料转变为引导客户、撮合交易、协调利益。

2.4 独立财务顾问的监督作用

出于保护投资者特别是中小股东利益的原因，独立财务顾问履行监督作用是必要的。文献一般认为，公司发起并购的根本目标在于实现 1+1>2 的协同效应，包括规模经济、范围经济、节约交易成本、纵向一体化等经营协同效应，降低资金成本、避税等财务协同效应，以及提高运营效率、节约管理费用等管理协同效益。但是，当具体到主导或者实施并购的个体或者层级时，并购也有可能出于追求私人利益的目的，情况会更加复杂。如在美国，公司的主要治理问题在于两权分离造成的第一类代理问题，管理层出于构建企业帝国、提高薪酬等目标发起并购，其后果无益甚至有害企业的长期发展。在我国，第一类代理问题驱动下的并购固然存在（毛雅娟、李善民，2013；万从颖、郭进，2009），但是，依据李增泉等（2005）的观点，上述理论很难解释为何我国并购重组表现出很强的关联性和同属性，掏空与支持理论会更为适用，也就是说，大股东①与中小股东之间的第二类代理问题更加突出。在本书的样本中，超过 80%的重大资产重组发生在关联方之间，加上与一般并购重组不同，重大资产重组往往意味着上市公司在进行业务和治理层面的重大转型，因此重大资产重组更可能由大股东主导。如果重大资产重组实际上是为了满足大股东的利益，中小投资者的利益很可能因此受损，而独立财务顾问的监督作用即针对此类问题。

表 2-1 列示了与并购财务顾问、独立财务顾问有关的政策规定，为上述分析提供了政策依据。

表 2-1　针对财务顾问的相关政策规定

法律/文件名称 （制定者、实施/发布时间）	针对财务顾问 （未强调独立）	针对独立财务顾问
《上市公司并购重组财务顾问业务管理办法》 （证监会，2008 年 6 月 3 日）	·是关于财务顾问最全面的规定，涉及财务顾问的业务许可、业务规则、监督管理与法律责任等内容	·第十七条规定，独立财务顾问必须保持独立性，不得与上市公司存在持股、担保、兼职等关系，也不得为交易对方提供财务顾问服务

① 本书关注的是大股东的相对控制权而非绝对控制权，因此在表述中不区分控股股东与大股东。

续表

法律/文件名称 （制定者、实施/发布时间）	针对财务顾问 （未强调独立）	针对独立财务顾问
《中华人民共和国证券法》 （2005 年修订版）	·第一百二十五条、第一百六十九条、第一百七十条、第一百七十三条、第二百二十六条规定了财务顾问机构相关的批准、资质、职责、处罚等事项	无
《中华人民共和国证券法》 （2014 年修订版）	同上	同上
《上市公司重大资产重组管理办法》 （证监会，2008 年 5 月 18 日）	无	·第十五条规定，独立财务顾问应当核查并评价重大资产重组是否构成关联交易，如果构成，还需要评价重组对非关联股东造成的影响 ·其余若干条规定了独立财务顾问的职责
《上市公司重大资产重组管理办法》 （证监会，2014 年 11 月 23 日）	无	·第十七条规定，上市公司应当聘请独立财务顾问就重大资产重组出具意见 ·其余若干条规定了独立财务顾问的职责
《上市公司重大资产重组信息披露工作备忘录——第二号上市公司重大资产重组财务顾问业务指引（试行）》 （证监会，2008 年 5 月 20 日）	无	·规定了对于上市公司的职责、对于证监会的职责、业务规范、披露义务、针对聘请独立财务顾问的上市公司和独立董事的要求等
《创业板信息披露业务备忘录第 14 号——上市公司重大资产重组财务顾问业务指引（试行）》 （深圳证券交易所创业板公司管理部，2012 年 3 月 30 日）	同上	同上

续表

法律/文件名称（制定者、实施/发布时间）	针对财务顾问（未强调独立）	针对独立财务顾问
《关于规范上市公司重大购买或出售资产行为的通知》（证监会，2000 年 7 月 24 日）	·在上市公司重大购买或出售资产中，董事会应当聘请具有证券从业资格的财务顾问对有关事宜进行认证并出具意见 ·规定了财务顾问报告的内容	无

需要指出的是，本书的研究对象为重大资产重组中的独立财务顾问，但国外文献没有“独立财务顾问”的说法，只称“财务顾问”，因此后文在引用国外文献时也遵循“财务顾问”的名称。其他地方如无特别说明，本书中财务顾问均指独立财务顾问。

2.5　高声誉的独立财务顾问

类似于审计师、承销商、分析师等中介机构，在多年的发展之后，财务顾问群体也形成了高、低声誉之分。至于如何区分，大部分文献直接参考了产品市场或者证券发行市场中对声誉的定义，采用市场份额（过往业务规模或者业务量）设置虚拟变量（Golubov et al.，2012；Ismail，2010；Hunter and Jagtiani，2003；Wang and Whyte，2010；Chang et al.，2016）（见第 3 章表 3-3），实务界（如华尔街）一般也是根据市场份额将财务顾问分为更好和更差两类（Golubov et al.，2012）。类似的，本书也根据独立财务顾问所在券商在并购市场中的市场份额来定义声誉（见第 4 章 4.3）。采用并购市场份额而非重大资产重组的市场份额，是因为相比一般并购，重大资产重组发生的频率低很多，仅凭此不足以形成声誉之分，而且重大资产重组就是一类特殊的并购，依据并购市场份额来划分声誉是合理的。

本书根据并购市场资讯有限公司 Mergermarket 数据库中的 League table（排名表），以 1998—2013 年所有中国企业为并购方的并购重组事件担任财务顾问的项目数目排名，如果属于前十大，则定义为高声誉的独立财务顾问。为了展示高声誉财务顾问的名单变动情况，表 2-2 列示了如果按照滚动的方式计量市场份额，即 1998—2006 年、1998—2007 年……高声誉财务顾问的排名表情况。各年度排名表中出现的券商名单变化不大，可见市场中已经形成了较为稳定的一批高声誉财务顾问。

表 2-2　高声誉财务顾问的年度分布情况

项目	1998—2006 年	1998—2007 年	1998—2008 年	1998—2009 年	1998—2010 年	1998—2011 年	1998—2012 年	1998—2013 年
高声誉财务顾问名单（前十大）	中信证券	中信证券	中信证券	中金公司	中金公司	中金公司	中金公司	中金公司
	中金公司	中金公司	中金公司	中信公司	中信证券	中信证券	中信证券	中信证券
	国泰君安	国泰君安	广发证券	广发证券	广发证券	海通证券	华泰联合证券	华泰联合证券
	华泰联合证券[①]	银河证券	国泰君安	华泰联合证券	招商证券	华泰联合证券	海通证券	西南证券
	广发证券	广发证券	银河证券	招商证券	海通证券	广发证券	广发证券	海通证券
	中银国际	华泰联合证券	招商证券	银河证券	华泰联合证券	招商证券	招商证券	广发证券
	平安证券	招商证券	华泰联合证券	国泰君安	国泰君安	国泰君安	国泰君安	国泰君安
	国盛证券	中银国际	中银国际	海通证券	银河证券	银河证券	西南证券	招商证券
	银河证券	光大证券	平安证券	西南证券	西南证券	西南证券	银河证券	中信建投
	粤海证券[②]	平安证券	海通证券	中银国际	中银国际	中银国际	中银国际	中银国际

① 更名前为联合证券。

② 后被国金证券收购。

第3章 理论基础与文献综述

3.1 独立财务顾问与上市公司之间的代理冲突

理论上，并购公司聘请财务顾问的出发点在于，其提供的财务顾问服务应当有助于公司价值，然而根据现有文献的结论，聘请财务顾问也可能无助于甚至损害并购公司的股东利益，关键的原因在于，财务顾问与并购公司之间是委托代理的关系，可能存在利益冲突。本节将参考 Sharma（1997）、Kesner 等（1994）、McLaughlin（1996）等文献，在委托代理理论的框架下分析独立财务顾问的行为动机。

在一方（委托人，Principals）将某些工作委托给另一方（代理人，Agents）完成的情形下，委托人的利益可能得不到保障，因为代理人的首要目标在于最大化自身而非委托人的利益。要解决代理问题并不容易，因为代理人往往是拥有更多信息的一方，特别是在代理人是专业中介机构的委托代理关系中，委托人缺乏相关的知识和经验去实施业务，自然也就缺乏专业知识去监督与控制中介机构的行为，缺乏监督，中介机构更可能追求自身的利益而不顾行为是否会损害委托人的利益（Sharma，1997）。

在代理理论的框架下，合约是用来解决代理冲突的一个关键机制。委托人设计监督代理人的条款，并且设置相应的措施来保证代理人的行为不违背合约内容，通过合约来降低双方之间的信息不对称。当然，代理人行为本身很难受到直接的监督，成本也很高，可以转而通过评价代理人行为的后果来实现监督①，但这又需要考虑存在代理人自身行为以外的其他因素影响行为后果的可能性，监督仍然可能是无效的。

财务顾问与并购公司（并购方或者被并购方，但一般主要讨论的是并购方）之间的关系可以用代理理论来分析。最早是 Kesner 等（1994）系统地论述了并购中财务顾问相关的委托代理问题。并购公司是委托人，而财务顾问是代理人，应当是要按照委托人的利益行事。显然，由于财务顾问并不持有并购公司的股份，代理人和委托人的利益是不一致的（Kesner et al.，1994；McLaughlin，1996），并购又是一项发生频率不高的特殊投资活动，并购公司的专业知识大大少于财务顾问，很难监督和评价财务顾问的工作。

按照一般的代理理论分析思路，并购公司可以设计合同来约束财务顾问的行为。在所有的合同条款之中，佣金无疑是最重要、最受到关注的一项。财务顾问的佣金一般被设计成交易总价的一个百分比，然而根据 Kesner 等（1994）的研究，这并不是最优的佣金形式，反而会加剧财务顾问与并购公司之间的代理冲突。简单地说，其他条件不变，被并购公司希望支付的对价越高越好，而并购公司则相反。为了最大化自身利益，财务顾问可能会在其影响力的范围内尽可能去说服并购公司抬高对价（Kesner et al.，1994）②，因为交易总价的提高就直接增加了财务顾问的佣金规模。这使得财务顾问事实上更容易成为被并购公司的同盟，而非代表并购公司的利益，虽然它们是由后者聘请（McLaughlin，1990）。在类似的思路下，McLaughlin（1992）认为佣金条款的设定对财务顾问的行为动机起到了关键影响，Servaes 和 Zenner（1996）也提出，并购方和财务顾问之间存在着委托代理问题，财务顾问的行为主要受到获取佣金动机的激励，在大部分的合约之中财务顾问并不会因为

---

① 举例来说，监督行为和监督后果可以分别对应管理层对员工设置计时工资和计件工资（Sharma，1997）。

② Kesner 等（1994）也进一步解释了，尽管不是最优的，佣金设计为交易对价的一定比例成为惯例而且占据主流有几方面的原因：比如，佣金占据的比例太小，以至于并购公司并没有提前论证合同的合理性（当然，并购公司没有理性地意识到，虽然比例小，但是基数大，而且佣金的设计条款还有可能助长了基数）；或者并购本身就是股东和管理者之间的代理问题驱动的，管理者试图通过并购来构建企业帝国，因此，管理者不会太在意对价的规模，而把更多的精力放在保证交易的成功；或者财务顾问市场是卖方市场，财务顾问具有更强势的话语权。

支付对价的上升而受到“惩罚”。

此外，佣金的特殊形式也会引起财务顾问尽可能追求交易的完成，而不顾交易能否创造价值。McLaughlin（1990）指出了这样一个事实：95%的财务顾问佣金都与交易是否成功直接挂钩。结果一方面会导致财务顾问的动机就在于保证并购顺利、快速地完成，不顾交易是否事实上能为并购公司的股东创造价值，另一方面也使得财务顾问尽可能地去建议并购方提供更高的对价，以提高卖方董事会接受交易的可能性（Rau，2000；Kesner et al.，1994）。总之，佣金条款无法约束财务顾问与并购公司之间的代理冲突，反而会导致财务顾问试图说服上市公司接受一个较高的支付对价，以及财务顾问追求交易的完结而非价值创造。上述两项即代理冲突下财务顾问机会主义行为的主要表现。

Kesner 等（1994）和 McLaughlin（1996）虽然就代理冲突下投行的行为动机进行了具体分析，但局限在对其财务顾问业务（类似于本书讨论的交易作用）的影响之中，Makhija 和 Narayanan（2007）、Kisgen 等（2009）、Chen（2010）在分析投行提供的公平意见服务（类似于本书讨论的监督作用）时，虽然提及了代理冲突，但并没有就代理冲突影响下投行可能的行为做具体的分析。本章接下来将论述，代理冲突可能会同时造成交易作用和监督作用的无效性。因此本书的意义之一在于对 Kesner 等（1994）、McLaughlin（1996）等关于财务顾问服务及 Makhija 和 Narayanan（2007）、Kisgen 等（2009）、Chen（2010）等关于公平意见服务的分析做了理论上的结合与拓展。

3.2　代理冲突的后果：交易作用的无效性

交易作用的提供意味着独立财务顾问深度地参与了重组的过程，如果独立财务顾问并不秉承最大化客户利益的动机，那么上市公司很可能不能通过重大资产重组获得增值，甚至可能出现价值的损毁。根据 Hayward（2003）的研究，在利益动机不一致的前提下，财务顾问会通过掌握的专业知识引导并购方去实施更加复杂的交易，因为复杂的交易会增加并购方对财务顾问的

“需求粘性”，也就保证了财务顾问的业务来源。财务顾问能通过掌握的专业知识去引导并购方低估复杂交易的风险，高估复杂交易的收益。他发现，如果并购方在之前的并购中聘请过财务顾问，那么就更有可能受到财务顾问的控制和操纵，在之后采用股票支付的并购（股票支付被认为更加复杂，也更有可能不会为股东创造价值）中会更有可能聘请之前的财务顾问。在重大资产重组之中，上市公司对独立财务顾问专业意见的依赖程度比一般并购更高，因为重大资产重组往往意味着业务层面的整体转型，一旦失败对上市公司发展乃至生存会产生巨大影响，而且证监会也对重大资产重组的流程、信息披露等做出了严格规定，凭借独立财务顾问掌握的专业知识可以帮助上市公司节约学习成本和试错成本。因此，如果独立财务顾问有意识地引导重组按照满足自身利益的方向进行，上市公司不一定有能力识别并纠正。

表 3-1 详细概括了在整个并购交易流程中代理冲突对独立财务顾问交易作用的影响。

表 3-1 代理冲突影响交易作用的具体表现①

并购过程	动因	代理冲突的表现	后果
制定战略目标	·并购公司比财务顾问更加厌恶风险 ·财务顾问拥有更丰富的关于市场、行业的专业知识，也更清楚自身的动机，而并购公司更清楚自身的情况	·财务顾问更希望发起并购交易，有可能是源于专业判断，也有可能只是希望获得业务收入	·当下发起并购可能并不适合公司的实际情况
搜寻与筛选标的	·财务顾问拥有更广泛的潜在标的名单	·和制定并购战略类似，财务顾问也有更强的动机去寻找标的	·财务顾问可能基于自身的偏好去寻找标的，如更容易被说服的卖方

① 资料来源：Parvinen 和 Tikkanen（2007）。原文还讨论了管理顾问、律师等其他中介机构和并购公司之间的代理冲突，以及公司内部股东、管理层、员工之间的代理问题，本书只列示其中与财务顾问有关的内容，并且补充了与定价有关的内容。

续表

并购过程	动因	代理冲突的表现	后果
战略评估	·财务顾问对行业发展的趋势及标的选择是否符合这个趋势有更专业的判断	·财务顾问具有高估并购与公司战略匹配度及未来收益的动机	·财务顾问关于并购的价值判断与并购公司可能不同，产生冲突
财务评估	·财务顾问有更丰富的经验去评价标的	·为了促成交易，财务顾问试图将标的价值展现得更有吸引力	·标的估值与事实不符，结果导致了不理性的并购安排
协商、签订合约	·财务顾问有更丰富的关于并购双方如何协商的经验	·财务顾问的首要目标在于交易的成功	·即使交易不符合最大化并购公司价值的原则，财务顾问也会尽可能斡旋、促成交易的完成
谈判	·财务顾问希望最大化佣金	·财务顾问不为并购公司争取有利的交易对价	·并购公司支付了更高的对价，利益由并购方股东转移至被并购方股东

表 3-1 中所列示的内容大体上可以归结为，独立财务顾问没有本着最大化并购公司价值的原则去撮合与协调交易，也没有为并购公司争取有利的对价，从而造成并购公司的价值受损。财务顾问对并购公司具有说服力，从而可以在很大程度上引导并购的决策，是因为前者所拥有的并购知识大大多于后者，使得后者在各项交易安排上需要依赖前者提供的专业意见（Sleptsov et al.，2013）。总之，独立财务顾问交易作用的无效性会表现在：①交易的动机和安排无助于最大化协同效应的创造；②在谈判中无助于并购公司在协同效应中分配到更多的份额。

3.3　代理冲突的后果：监督作用的无效性

同样受到代理冲突的影响，独立财务顾问的监督作用也可能是无效的，原因在于，交易作用和监督作用之间原本就存在内生的冲突性，如果代理冲突得不到约束，则业务之间内生冲突性的不利影响会被放大，独立财务顾问同样会首先追求交易的完成和更高的交易规模，导致其为不公正的交易也出具交易公正的评价意见。具体原因分析如下。

依据《上市公司并购重组财务顾问业务管理办法》《上市公司重大资产重组管理办法》的规定，重大资产重组的独立财务顾问需要同时履行交易作用和监督作用，监督作用会产生怎样的后果，国内还未见文献对此加以讨论，但西方文献针对投行提供公平意见（Fairness opinion）服务的分析可以作为参考①。这些文献指出，代理冲突同样存在于提供公平意见的投行与并购公司之间。表 3-2 列示了主要的文献。

表 3-2 关于投行公平意见的主要实证文献综述（以时间排序）

文献/出处	样本	投行声誉的定义方式	股东价值的衡量方式	主要结论
Makhija and Narayanan（2007）/SSRN	1980—2004 年美国市场上 1927 起并购	样本期间按照提供财务顾问服务的个数排在前十位	CAR	·不论是并购方还是标的方的董事会购买了公平意见，相应的市场反应都更差，说明投资者了解投行与并购公司之间存在的利益冲突 ·聘请高声誉的投行可以提高市场反应，但投行佣金中是否包含或有费用与市场反应不相关 ·董事会主要出于寻求法律保障的原因购买公平意见
Kisgen et al.（2009）/JFE	1994—2003 年美国市场上 1509 起并购	样本期间按照提供财务顾问服务的个数排名，按照前五、前 6 ~ 20、其他分成三等	CAR	·并购方董事会购买公平意见，则交易溢价更低，成功率更高，但市场反应也更差，说明购买公平意见总体上还是有损股东价值 ·并购方董事会聘请多个投行或者聘请不担任财务顾问的投行有助于减少股东价值的损失 ·聘请高声誉的投行可以降低交易溢价，但无论投行声誉的高低，相比不购买公平意见的情况，购买公平意见都会导致更差的市场反应

① 需要指出的是，公平意见的主要目的在于评价对价是否合理，而独立财务顾问监督作用的范围更加广泛，涉及交易目的和过程中所有可能损害中小股东利益的行为，对价的合理性只是其中的一方面。

续表

文献/出处	样本	投行声誉的定义方式	股东价值的衡量方式	主要结论
Chen（2010）/JAAF	1997—2003 年美国市场上 215 起并购	按照投行客户市值计算的市场份额	CAR	·相比聘请独立的投行，如果聘请同时担任财务顾问的投行提供公平意见，则市场反应更差，不论是宣告日还是宣告日之后 6 个月 ·如果聘请同时担任财务顾问的投行提供公平意见，或有费用与宣告日市场反应负相关
Frye and Wang（2010）/Corporate Governance：An International Review	1996—2003 年美国市场上 1102 起并购	—	CAR	·董事会里有更多的外部董事或者更少的董事有兼职，则更可能购买公平意见 ·购买公平意见导致了更差的市场反应，更多的董事兼职导致了相对更差的市场反应，而更多外部董事以及更长的董事平均任职年限与相对较好的市场反应相关
Cain and Denis（2013）/JLE	1998—2005 年美国市场上 582 起并购	样本期间按照提供公平意见服务的个数排在前十位	CAR（用来衡量信息含量）	·相比标的方，并购方购买的公平意见中关于标的估值的错误更大 ·高声誉的投行可以给出更准确的标的估值 ·标的方购买的公平意见中标的估值和真实对价差异越大，市场反应越好，说明公平意见向市场传递了新信息

出于《上市公司并购重组财务顾问业务管理办法》《上市公司重大资产重组管理办法》的强制规定，在我国，重大资产重组中的独立财务顾问必须同时履行交易作用和监督作用，这样的强制规定很有可能会加剧独立财务顾问与上市公司之间的代理冲突。在市场并未充分重视交易公平性和信息透明度的当下，上市公司“被动地”接受监督并不意味着它们就有动机去要求独立财务顾问履行有效的监督职能。以佣金合同来约束独立财务顾问的行为在我国可能更加无效，因为虽然理论上独立财务顾问是针对两项业务总体收费，但仍以交易完成为主要的收费标准，其余费用即使有规模也不大，对监督作用不单独收费，也并没有条件指明费用的收取与监督作用有何关联，这样的

收费标准更可能促使独立财务顾问将主要精力放在交易作用之中而忽视监督作用。况且，不同于交易作用的直接后果可以由交易成功和交易速度来反应，监督作用的效果并不容易被直接观察到，不管是对投资者还是证监会，评价重大资产重组是否损害了上市公司或者中小股东的利益需要较长的时间区间，评价服务质量如此困难，更加不利于独立财务顾问监督作用的有效性。

总体而言，监督作用的无效性表现在，独立财务顾问为不公正的交易也出具公正的评价意见。考虑我国上市公司的重大资产重组中80%以上发生在关联方（主要是大股东）之间，不公正交易主要表现为重组的动机和安排不在于为上市公司增加价值，重组沦为某些内部人实现转移利益的渠道。因此监督作用无效性的后果具体表现在：①重组的动机与安排在于利益输送，而无关于协同效应的创造；②即使重组能够创造协同效应，但更多的利益被转移给关联方（大股东），上市公司没有成为价值分配中受益的一方。其中，第②项主要源于不合理的交易对价。

总结3.1、3.2、3.3，无论是在总体上还是具体到交易作用和监督作用，代理冲突的后果都可以总结为：①独立财务顾问追求重组的完成而不论重组的价值；②独立财务顾问追求更高的佣金而损害上市公司在重组中的价值分配。

3.4 声誉：一种缓解代理冲突的治理机制

总结3.2、3.3，代理冲突可能会同时导致交易作用和监督作用的无效性，而要提高两项作用的有效性，关键就在于如何约束独立财务顾问的机会主义行为，将独立财务顾问的利益追求和并购公司统一起来。理论上，声誉机制能起到上述作用。下文将以经济学中的声誉理论为起点，分析作为一种治理机制的声誉如何能够缓解独立财务顾问与上市公司之间的代理冲突。

3.4.1 经济学中的声誉

在古典经济学研究中，完备和对称的信息是一个基本前提，然而，随着对新古典理论的修正和不完全市场相关理论的兴起，越来越多的经济学模型引入了和信息相关的风险与不确定性，这促使经济学家开始关注声誉问题。20 世纪中后期，出现了一大批关于声誉的经济学文献，围绕着信息不对称展开讨论，比如，Akerlof（1970）建立逆向选择模型，研究旧车市场上的卖主为什么要提供高质量的产品，买主又依据什么相信物有所值；Heal（1976）指出，如果关于产品的质量交易双方存在不确定性，拥有信息优势的一方不一定就有定价权，在这样的市场中，声誉就产生了，起到了彰显产品质量的作用；Wolinsky（1983）认为，价格可以向买方彰显产品质量，从而缓解逆向选择问题；Darby 和 Lott（1989）指出，在垄断竞争市场上，消费者之间的交流是顺畅和充分的，促使企业加大对产品质量的投入，以在消费者群体中建立口碑，维护自身良好的声誉。

至于为什么声誉能起到显示信号的作用，根本原因在于声誉机制，即声誉作为一种治理机制的作用。关于声誉机制，一个里程碑式文献是 Kreps 等（1982）构建的“KMRW 声誉模型”。该模型显示，在不完全信息和无限次重复博弈的前提下，交易各方都以长期利益最大化为目标，如果一方率先做出损害对方利益的举动，另一方就会施加惩罚，这就会使先选择不合作一方的长期利益受损。所以，作为理性的经济人，只要交易重复的次数足够多，从自己的长远利益出发，都会选择合作，自行约束短期投机行为，以树立良好声誉，从而赢得长期合作和长期利益。张维迎（2004）对“KMRW 声誉模型”做了进一步的解释：虽然各个经济主体在交易时都有被交易对方率先选择不合作的风险，但如果是己方首先选择了不合作，而对方选择了合作，就会向对方暴露自己的非合作类型，失去与对方的后续合作机会。只要未来可能的合作次数足够多，选择不合作带来的损失就超过短期被对手率先选择不合作的损失。因此，只要后续的交易次数足够多，市场中的每一个主体都会希望树立一个诚信的形象，使得交易对方放心地与自己开展合作。不过，在交易次数快要完结的时候，由于失去未来合约的损失足够小，交易主体不再会重视声誉的价值，而会随意地选择不合作。Kandori（1992）考虑现实中的交易并不都是重复博弈，对“KMRW 声誉模型”进行了拓展，他证明，如果交易一方的机会主义行为可以被不限于交易对方的外界所识别，并由相关成员实施惩罚，那么即使交易不是重复地在相同的两个主体间进行，只要交易各方希望后续从市场上获得业务，仍然会有动机维持诚信的声誉。Ellison（1994）也提出，只要社区规模不太大，欺骗者会被识别，并且社区中的所有交易者都可以了解到欺骗者的存在，那么口碑（word-of-mouth）就能够保证声誉机制发挥作用。Kandori（1992）和Ellison（1994）的研究扩大了声誉机制的适用范围，得益于越来越多的信息披露与传播方式，交易的透明度也在提升，交易主体的机会主义行为很难被隐藏，这就增强了声誉机制约束机会主义行为的作用。Milgrom 等（1990）、Greif（1993）、Greif 等（1994）还具体地讨论了商业团体内部仲裁、排斥等惩罚措施的作用。

3.4.2 声誉机制发挥作用的前提

总结上述经济学文献，声誉机制发挥功能的过程可以概括为，其一，对行为主体本身的影响，即行为主体认识到声誉的形成方式以及未来能够带来的收益，就有维护声誉的动机；其二，对交易对方的影响，交易对方根据声誉来决定是否要与某一经济主体签订合约。当然，这两个方面互为因果，以企业—顾客关系为例，企业需要与顾客持续交易才能维持生存，因此为了吸引客户，企业就会有保持良好声誉的动机，客户则优先选择声誉良好的企业交易，这样进一步激励了企业维持声誉。总之，当合约执行之后未来收益的现值高于当下损毁合约带来的收益之时，交易主体就会致力于建立与维护声誉（Klein et al.，1978；Williamson，1979），这正是声誉的价值所在。

但是，声誉机制要发挥上述作用是有条件的，比如，合约双方之间的交易不能是一次性的，否则双方不会在乎未来收益，合约执行之后未来收益的现值要足够大，才能阻止当下的机会主义行为，同时声誉必须很难被模仿，否则其长期收益会被涌入的竞争者分享等。总结上述文献，本书认为，经济主体要本着维护声誉的动机来约束自身行为，有两项最重要的前提条件：其一，声誉的本质是一种自律机制，因此只有经济主体认识到了声誉在未来确实能够带来收益，才有维护声誉的动机；其二，交易对方需要根据声誉来决定是否要与某一经济主体签订合约，一旦声誉受损，交易对方不会愿意签订合约，也就是说，损害声誉的机会主义行为必须受到惩罚，才能形成对经济主体的威慑。由于声誉是外界的一种共识，并且可以声誉信息可以传播，此处所指的交易对方可以不固定为一个，而扩展至其他潜在的交易对象（Kandori，1992）。上述是约束声誉机制发挥功能的最重要的两项前提条件，下文 3.5 中将在此基础上总结独立财务顾问声誉机制有效性的两项约束前提。

3.4.3　承销商声誉理论

不论是针对中介机构的文献，如承销商（Chemmanur and Fulghieri，1994）、分析师（Hong and kubik，2003；Fang and Yasuda，2014）、审计师（Kanagaretnam et al.，2010）、财务顾问（Golubov et al.，2012），还是其他经济主体，如独立董事（黄海杰等，2016），声誉都被视为一种彰显实力、同时约束机会主义行为的机制。由于本书所讨论的财务顾问是一类金融中介，由券商担任，本章将首先讨论声誉对同样由券商担任的承销商的影响。事实上，国外文献在讨论财务顾问的声誉与服务质量时，通常也引用承销商的文献作为参考（Ismail，2010；Golubov et al.，2012）。

基于信息不对称理论和 KRMW 模型，Chemmanur 和 Fulghieri（1994）建立了 C-F 模型。C-F 模型是一个投资者、投行和证券发行公司三方参与的博弈模型，从动态角度分析了投行的声誉是如何形成的。模型假设投资者自己无法了解公司的好坏，但是他们可以根据投行的评估结果去反推发行公司的真实价值。C-F 模型的结论可以概括如下：在一级市场中，发行公司和投资者之间存在着信息不对称，声誉是承销商以往业绩的综合反映，高质量的发行公司借由高声誉的承销商向投资者发送信号，降低 IPO 折价的程度。另外，高声誉承销商为了维持好的声誉，也倾向于选择高质量的发行公司，从而产生市场上高质量发行公司聘请高声誉承销商的均衡，投资者可以依据承销商声誉评价发行公司的质量。可见声誉对承销商行为的选择和均衡结果的变动具有重要的影响。承销商的声誉可以视为发行公司向投资者发送的信号，用于解决投资者与上市公司之间的信息不对称。

有很多文献给出了承销商声誉影响 IPO 表现或者长期绩效的实证证据。Carter 和 Manaster（1990）认为投行的声誉越高，投资者对公司价值的判断越一致，因此投行声誉能够提高发行价格，Carter 等（1998）指出，由于声誉来自承销商过往行为的积累，承销商的声誉越高，投资者对其认证的 IPO 价格越认可，抑价越不会出现，Habib 和 Ljungqvist（2001）发现规模大或者筹资规模高的公司进行 IPO，往往会选择高声誉的投行。可见国外文献基本上都验证了财务顾问声誉与 IPO 公司质量之间的相关性。

但是国内文献的结果并不收敛，如俞颖（2005）、郭泓和赵震宇（2006）、黄春铃和陈峥嵘（2007）的研究都表明，并没有充分的证据支持投行声誉机制有效地发挥了作用，许荣等（2013）发现投行声誉功能在主板市场上不显著，而创业板市场中信息不对称程度更高，投行声誉可以起到降低 IPO 折价和波动性的作用。声誉机制存在与否、效果如何仍然需要更多的证据。上述文献基本上都给出了 IPO 定价机制市场化程度不高这个原因，但并没有结合声誉理论就声誉机制发挥功能的现实条件约束做深入分析。也有一部分文献支持了声誉机制的有效性，如张强和张宝（2011）发现承销商声誉可以显著降低 IPO 发行成本，邵新建等（2013）发现在一定程度上高声誉的承销商能够抑制 IPO 中的定价拔高行为。

3.4.4 财务顾问①的声誉机制

从 20 世纪 90 年代开始，声誉机制对财务顾问的影响得到了学界的关注。关于财务顾问声誉的形成，Kale 等（2003）通过理论模型指出，一开始市场中的财务顾问在各方面都是相似的，因此不存在声誉的区分，之后，运气（luck）使得一部分财务顾问为客户创造了更大的价值，并从中累积了知识，在之后的业务中，一方面可以运用这些知识，另一方面也有更大的权利筛选客户，这样的过程重复下去，少数就成为最受客户信赖、具有更高创造价值能力的高声誉财务顾问。但是声誉的内涵如何并不确定，如 Rau（2000）就

① 国外文献没有独立财务顾问的说法，此部分遵循文献的做法采用财务顾问的名称。

发现，不论是合并还是股权收购，财务顾问或有费用（contingent fees，交易成功后被支付）和交易完成的数目与财务顾问之后的市场份额正相关，但是交易绩效与财务顾问之后的市场份额不相关，这意味着，声誉（市场份额）可能只能体现财务顾问完成交易的能力，而不与创造价值的能力相关。总结与财务顾问声誉相关的文献（见表 3-3）可以发现，和国外关于承销商声誉较为一致的结论不同，在财务顾问领域，关于声誉机制对交易过程和交易后果的影响并未得到收敛的结论。

关于并购方为何要聘请高声誉的券商为财务顾问，Servaes 和 Zenner（1996）提出了交易费用、信息不对称、企业缺乏并购经验、标的方跨行业经营或者是上市公司等因素，发现并购交易越复杂（如敌意收购、股票支付或者交易规模较大），并购方越可能聘请高声誉的券商作为财务顾问。Kale 等（2003）认为标的方在聘请财务顾问时也存在类似偏好。

关于并购方聘请高声誉财务顾问的后果，则是现有文献中的最大分歧。文献一般分三个角度来讨论，提出三个假设。第一，“Superior deal”假设，即声誉代表了财务顾问更高的业务能力和对自身机会主义行为的约束，从而高声誉财务顾问会在高收费的前提下提供更高质量的服务，因此有助于协同效应和股东价值（Golubov et al.，2012；Kale et al.，2003）。第二，“Deal completion”假设，即高的市场份额意味着财务顾问在完成交易上有更强的能力，因此财务顾问声誉与交易完成的速度或者成功率正相关（Golubov et al.，2012；Hunter and Jagtiani，2003），但此时并购方股东价值与财务顾问声誉之间的相关性是不确定的，如果高声誉财务顾问只是在追求业务量和收入，不以客户的价值最大化为首要考虑，则两者之间可能是负相关或者不相关（Hunter and Jagtiani，2003；Ismail，2010；Rau，2000）。第三，“Bargaining power”假设，McLaughlin（1990；1992）提出，在创造价值的意义上，财务顾问的作用不仅仅体现在识别出更好的标的、设计更有效的交易流程和条款从而创造更高的协同效应，还体现在为聘请财务顾问的那一方企业争取更高的谈判优势，从而在协同效应中分配到更多的份额，假定协同效应的规模是固定的，这种优势具有“此消彼长”的特征，如更高的支付价格意味着被并购方企业股东价值的增长和并购方企业股东价值的减少（Bowers and Miller, 1990; Kale et al., 2003）。

现有文献大多只提出其中一个或者两个假设，比如，Bowers 和 Miller（1990）认为高声誉的券商与并购协同效应呈正相关关系，不过并不能帮助并购方取得协同效应分配的最大化，类似的，Kale 等（2003）、Hunter 和 Jagtiani（2003）、Rau（2000）指出，在并购公司股东财富的增加上，第一流的投行可能并不如差一级的投行。至于国内关于并购财务顾问的实证研究，目前还极为缺乏，仅孙铁、武常岐（2012）以并购中的咨询机构为题，讨论了财务顾问、法律顾问和资产评估公司的共同影响，他们发现，在不确定性较高的情况下，并购企业倾向于聘用更多的第三方咨询机构，但该研究并未突出财务顾问的主体作用，也未讨论咨询机构对并购经济后果的影响。

表 3-3 总结了与财务顾问声誉相关的主要文献。

表 3-3 关于财务顾问声誉的主要实证文献综述（以时间排序）

文献/出处	样本	声誉的定义方式	股东价值的衡量方式	主要结论
Bowers and Miller (1990) /FM	1981—1986 年美国市场上 114 起并购	墓碑公告（遵循承销商声誉的定义方式）	CAR	· 交易任意一方聘请高声誉财务顾问，则协同效应更大 · 没有证据支持高声誉的财务顾问与协同效应的分配相关
McLaughlin (1992) /JFE	1978—1986 年美国市场上 161 起并购	墓碑公告（遵循承销商声誉的定义方式）	Standardized excess return	· 代理问题会影响佣金的形式 · 财务顾问的声誉会影响佣金的形式和并购的后果
Thomas (1995) /JFSR	1988—1990 年美国市场上 622 个卖方样本和 627 个买方样本	样本期间提供财务顾问服务最多的 6 家纽约投行		· 机构投资者持有的股份比例与聘请财务顾问的概率非线性正相关 · 上述关系在卖方公司中表现得更强 · 相比标的是资产的情况，上述关系在标的涉及控制权转移的情况下表现得更强

续表

文献/出处	样本	声誉的定义方式	股东价值的衡量方式	主要结论
Servaes and Zenner（1996）/RFS	1981—1992 年美国市场中 99 起（交易规模最大的）没有聘请财务顾问的并购和 198 起聘请财务顾问的并购	墓碑公告（遵循承销商声誉的定义方式）	CAR	·交易成本、并购双方间的信息不对称、并购方的代理问题会影响并购方聘请财务顾问的决策 ·只有交易成本会影响并购方聘请高声誉财务顾问的决策 ·交易特征可以解释为何聘请财务顾问导致更低的并购方宣告日市场反应 ·没有证据支持财务顾问声誉与宣告日市场反应之间存在相关性
Rau（2000）/JFE	1980—1991 年美国市场 372 起合并和 388 起股权收购	1980—1994 年按照交易规模排名的前五大财务顾问	CAR	·不论是合并还是股权收购，财务顾问或有费用（contingent fees，交易成功后被支付）和交易完成的数目与财务顾问之后的市场份额正相关 ·交易绩效与财务顾问之后的市场份额不相关 ·在股权收购中，财务顾问或有费用与并购价值负相关
Kale et al.（2003）/JFQA	1981—1994 年美国市场 390 起并购	按照交易规模计算的市场份额	CAR	·并购方聘请的财务顾问声誉相对于被并购财务顾问声誉越高，并购方的股东价值越高 ·并购方或者被并购方财务顾问的声誉均能增加交易的整体财富 ·并购方聘请高声誉的财务顾问会提高交易成功率，也更可能撤回有损企业价值的交易
Hunter and Jagtiani（2003）/RFE	1995—2000 年美国市场上 5337 起并购	按照样本期间财务顾问的交易规模或者数目将财务顾问分为 3 个等级	交易完成日和首次宣告日 CAR 的差值	·财务顾问声誉与交易成功率正相关、交易时间负相关，且与协同效应负相关 ·财务顾问佣金与并购方股东价值正相关

续表

文献/出处	样本	声誉的定义方式	股东价值的衡量方式	主要结论
Porrini（2006）/JBR	1988—1998年美国市场上481起并购	前一年按照交易规模排名前五大		·聘请财务顾问会提高交易溢价 ·并购方与标的行业关联度、标的多元化、支付方式会调节上述关系 ·财务顾问声誉越高，交易溢价越高
Walter et al.（2008）/PBFJ	1980—2003年美国市场上15422起并购	按照交易规模排名的前五大财务顾问（3年为周期滚动计算）	CAR	·财务顾问声誉与交易完成的速度正相关，但没有支持声誉会提高交易成功率或者股东价值的证据 ·在股票支付的样本中，财务顾问声誉与股东价值正相关
Chahine and Ismail(2009)/QREF	1985—2004年美国市场上635起并购	Loughran and Ritter(2004) IB ranking（衡量投行的综合声誉）	CAR	·卖方财务顾问佣金越高，支付溢价越高，买方财务顾问佣金越高，支付溢价越低 ·声誉与佣金正相关，但不影响支付溢价
Ismail（2010）/RQFA	1985—2004年间美国市场上6379起并购	样本期间交易数目前十大	CAR	·聘请高声誉财务顾问导致了股东财富的损失，但该损失源于少数规模较大的并购交易 ·交易任意一方聘请高声誉财务顾问，则协同效应更大 ·卖方聘请高声誉财务顾问则卖方股东在协同效应中分配的财富更多
Wang and Whyte（2010）/JBF	1991—2004年美国市场上10767起并购	SDC数据库中按照交易规模排名的前25大财务顾问	CAR	·并购公司的管理权越高，越可能聘请财务顾问特别是高声誉的财务顾问 ·财务顾问声誉越高，并购公司管理权和股东价值之间的负相关性越弱
Golubov et al.（2012）/JF	1996—2009年美国市场上4803起并购	样本期间Thomson Financial SDC数据库中按照交易规模排名的前八大财务顾问	CAR	·财务顾问声誉与并购方市场反应、佣金规模正相关，但是仅存在于标的为上市公司的样本中 ·财务顾问声誉与并购协同效应、并购方在协同效应中的份额、交易时间正相关，一部分结果支持了与成功率之间的正相关关系

总结上述文献，关于财务顾问声誉的计量方式，大部分文献直接参考了产品市场或者证券发行市场中对声誉的定义，采用市场份额（过往业务规模或者业务量）设置虚拟变量（Golubov et al.，2012；Ismail，2010；Hunter and Jagtiani，2003；Wang and Whyte，2010；Chang et al.，2016）。最近也有文献细分到了声誉的内涵，如在并购方行业内或者标的行业内的经验（Wang et al.，2014；Chang et al.，2016），但由于并不直接以声誉为研究对象，本章不做详述。

除了对声誉机制的讨论，近期的文献也开始关注财务顾问的其他特征，如 Chang 等（2016）认为可能存在的信息泄露风险使得并购企业避免聘请与竞争者存在业务联系的财务顾问，Ouyang（2015）关注到财务顾问出具的意见往往是乐观的，会影响之后股东对并购重组事项的投票，Ertugrul 和 Krishnan（2014）指出当券商也担任并购中股票发行的承销商时，会引起并购双方财富分配的不均衡，Francis 等（2014）认为跨国并购中的并购方在聘请财务顾问时会考虑财务顾问所在国，Chuang（2014）认为金融危机会影响财务顾问为并购企业创造的价值，Agrawal 等（2013）讨论了并购双方是否聘请同一个财务顾问的影响因素及造成的后果。上述文献的研究话题仍然可以归结为对财务顾问的选择偏好及聘请财务顾问产生的价值后果。

总体而言，国外文献认为声誉可以反映财务顾问的经验或者能力，但也提出追求私利的动机会影响财务顾问的行为，有可能财务顾问并不与并购公司（或者被并购公司）的股东利益一致。现有文献的一般思路是根据实证结果反推财务顾问的动机，然后得出何种假设占优的结论。缺乏针对声誉理论的深入分析是现有文献的最大不足，如果一概假设声誉机制的有效性，则不太可能出现财务顾问声誉与并购公司股东价值之间不收敛的结论。本书将在 3.5 讨论声誉机制发挥功能所需嵌入的现实背景，总结出两项约束条件。

将上述文献的思路运用到分析我国独立财务顾问的行为中。在声誉机制的激励下，高声誉的独立财务顾问应当能够提供更高质量的服务，降低交易成本，维护交易公正性，最终有助于创造更高的协同效应，原因在于，一方面，高声誉的独立财务顾问具有更多降低信息不对称、控制交易风险、保证并购重组顺利完成、为上市公司争取利益的经验和能力，另一方面，独立财务顾问的声誉增加了对客户的吸引力，形成一定影响力的券商甚至能够影响政策的导向，因此，高声誉的独立财务顾问会更加注意约束机会主义行为。具体到独立财务顾问的交易作用，遵循 Kreps 等（1982）、Klein 和 Leffler（1981）、Shapiro（1983）等文献的思路，声誉资本能够为独立财务顾问在之后带来更多的业务机会，在佣金的谈判中也可以更加强势，因此高声誉的独立财务顾问会更加审慎、努力地协助上市公司进行并购重组，塑造与上市公司利益一致的形象；具体到独立财务顾问的监督作用，公平意见的内容会被富有经验的机构投资者审查，并且投行也要就公平意见可能引发的公司内部冲突负责（Makhija and Narayanan，2007），因此维护声誉资本的动机也会促使独立财务顾问在提供监督作用时保持更高的独立性，谨慎地就交易是否公允发表意见。

3.5 声誉机制的有效性分析

总体上，不论是交易作用还是监督作用，独立财务顾问的作用最终都应当反映为帮助上市公司创造了更大的价值。目前文献就声誉对价值创造的影响还未得到一致的结论，Kesner 等（1994）总结其中的原因在于，声誉对解决代理冲突的作用能够体现在其他中介机构之中，但不太可能对财务顾问起作用，因为财务顾问行业由寡头垄断，且并购公司对财务顾问的依赖度很高。Kesner 等（1994）事实上表达了声誉机制不能解决代理冲突的观点。具体到投行提供的财务顾问服务，Walter 等（2008）发现只有在股票支付的样本中，财务顾问声誉才与股东价值正相关，Servaes 和 Zenner（1996）发现没有证据支持财务顾问声誉与宣告日市场反应之间存在相关性；至于投行提供的公平意见服务，Kisgen 等（2009）发现相比没有购买公平意见的情况，购买公平意见导致了更差的市场反应，无论投行的声誉如何，Makhija 和 Narayanan（2007）并没有发现提供公平意见的投行声誉会影响并购方的市场反应。在解释为何投行声誉无助于提升并购价值时，上述文献仅以代理冲突作为理由，并未就声誉机制为何无法约束代理冲突做进一步的分析。

那么，考虑我国的实际情况，声誉是否能够起到约束独立财务顾问机会主义行为的作用呢？虽然国内还缺乏文献直接检验财务顾问的声誉，但针对市场中其他各类经济主体的声誉，很多研究都发现了声誉机制的缺失，如黄春铃（2005）就南方证券稽查事件的研究发现，之前同样由南方证券承销 IPO 的上市公司在事件窗口内并没有出现显著为负的超额收益率，说明维护声誉资本对承销商的意义可能并不重要，陈国进等（2005）以上市公司受处罚的事件为样本，发现声誉机制对约束违规行为的作用很小，李维安等（2007）以淘宝网的证据发现声誉对销量的正相关关系只存在于两个临界点之间，说明声誉机制的作用效果较弱。

McLaughlin（1996）指出，财务顾问声誉具有减少股东价值受损的作用，必须建立在财务顾问的机会主义行为会被市场识别和被市场识别的机会主义行为会损害财务顾问的利益两项前提之上①。类似的，本章提出，独立财务顾问的高声誉是否意味着其与上市公司之间利益的一致性、提供高质量的服务、维持更高的独立性，关键在于声誉机制能否发挥作用。本章 3. 4 指出，声誉机制要发挥功能需要满足两项前提条件，其一，声誉是一种自律机制，只有遵循声誉机制符合经济主体的理性选择时，声誉机制才是有效的，因此经济主体必须认识到声誉在未来能够带来收益，才有维护声誉的动机；其二，交易对方根据声誉来决定是否要与某一经济主体签订合约，一旦声誉受损，交易对方不会愿意签订合约，因此损害声誉的机会主义行为会受到惩罚。引申到独立财务顾问的情境下，可表述为，第一，独立财务顾问足够重视声誉对未来收益的影响；第二，损害声誉的行为会被识别，并使得独立财务顾问受到市场份额受损的惩罚。

然而，考察我国的现实背景，两项前提条件能否得到满足有很大的不确定性。针对第一项前提，我国的并购重组市场还处于市场化改革的过程中，最大的特征在于重大资产重组及独立财务顾问的业务范围、行为规范都在严

① 根据笔者的检索，在针对财务顾问声誉的文献中，仅有 McLaughlin（1996）一篇归纳了声誉机制发挥功能的现实约束条件。

格的监管之下，需要依据《上市公司并购重组财务顾问业务管理办法》《上市公司重大资产重组管理办法》等一系列政策和文件的要求。正是因为政策的连续颁布，之前累积的声誉不一定会对之后的业务收入产生决定性的影响，独立财务顾问无法对未来形成稳定的预期。2013 年发布的上市公司并购重组分道制改革就是一个例子，只有所聘请的财务顾问在执业质量评价中获得 A 类，并购重组项目才有可能直接进入豁免及快速审核通道。因此执业能力的评价结果会取代声誉，成为上市公司在聘请独立财务顾问时优先考虑的因素。而且执业能力的评价标准重点在于过去一年承接的业务数量、规模等，这反而会增加独立财务顾问压缩服务时间、快速完结交易的机会主义动机，将业务重心从长期收益转移到短期获利，削弱了独立财务顾问维护声誉资本、增加长期收益的动机。总之，在政策连续颁布的当下，独立财务顾问对未来是否还会颁布其他后续政策、后续政策是否会影响现有声誉的价值无法形成确定的预期，削弱了其维护声誉资本的动机。

针对第二项，独立财务顾问即使因为追求自身利益而损害了并购公司的利益，也很难被识别并受到惩罚。首先，会有很多的复杂因素影响重大资产重组的长期绩效，包括宏观经济与行业形势，即使绩效低于预期，也很难归因于独立财务顾问的失职，况且投资者、其他上市公司看不到上市公司与独立财务顾问签订的合同，不能确定独立财务顾问在多大程度上参与了并购，是并购的发起者，还是只协助协商与披露信息，因此很难确定独立财务顾问需要为此承担多大程度的责任。特别的，声誉是独立财务顾问向外界展示的主要形象，也是外界判断独立财务顾问能力的主要依据，因此投资者和有聘请独立财务顾问需求的其他上市公司很容易过度信赖声誉的“名声”，不论其“实质”。其次，重大资产重组的长期经济后果可能并不是上市公司最为关注的，独立财务顾问即使需要为低于预期的经济绩效承担一定的责任，也并不会影响之后的业务。比如，重大资产重组中的大多数发生在关联方之间①，学界与媒体对大股东借机掏空上市公司的质疑很多，如果确实如此，那么相比

① 在本书的样本中，该比例高于 80%。

上市公司是否增值，并购重组的顺利完成才是大股东的首要目标，而高声誉财务顾问在保证并购重组通过董事会决议[①]上有更多优势（Wang and Whyte，2010），这可能是上市公司（主导重组的大股东）聘请高声誉独立财务顾问的主要原因。因此，只要高声誉独立财务顾问继续保持这方面的优势，其市场份额就不会因为服务质量降低而减少。

综上所述，考虑国内的现实背景，独立财务顾问声誉机制能否发挥作用有很大的不确定性，从而使得声誉机制能否缓解独立财务顾问与并购公司之间的代理问题也是不确定的。如果声誉机制能够发挥功能，那么独立财务顾问的行为将主要受到声誉机制的激励，声誉能够缓解独立财务顾问与上市公司之间的代理问题，应当在高声誉独立财务顾问的动机在于提供高质量服务、为上市公司创造价值的前提下分析其行为；但如果声誉机制不能发挥功能，那么高声誉独立财务顾问的行为仍然主要受到最大化自身利益动机的驱使，应当在代理问题的前提下分析其行为（见图 3-1）。上述动机同时影响独立财务顾问的交易作用和监督作用。

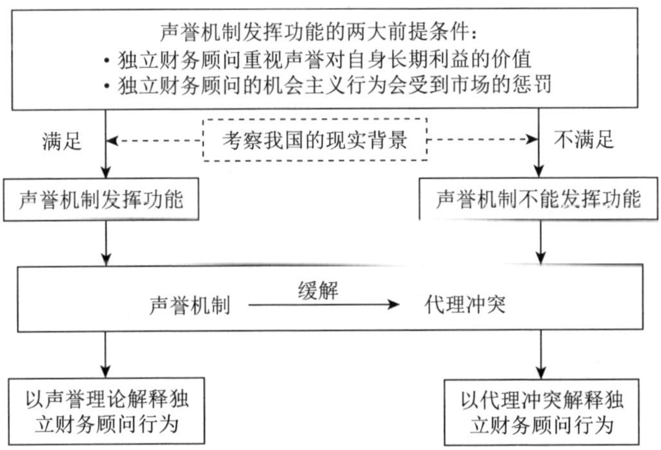

图 3-1　高声誉独立财务顾问行为动机的两种可能性

① 在中国情境下，影响的主要是股东大会和证监会审核。

3.6 理论框架

在上述理论分析的基础上，本章总结了如下的逻辑图（见图 3-2），作为全文的理论基础。

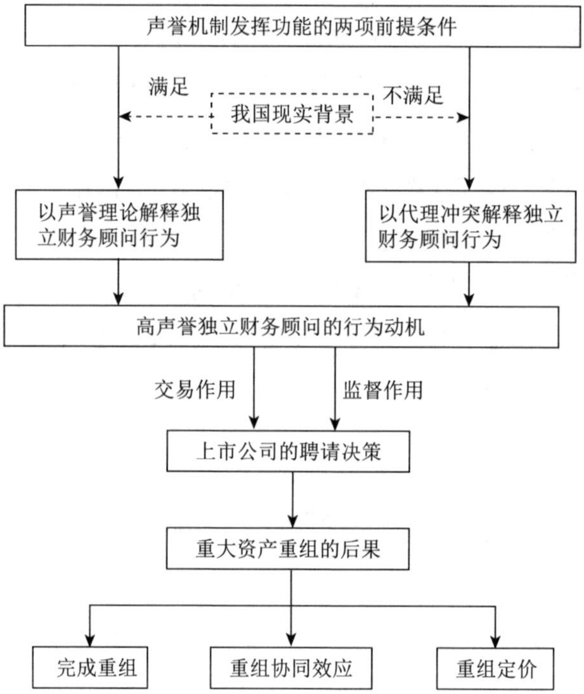

图 3-2 全书逻辑

首先，声誉机制会影响独立财务顾问的行为动机，而这一过程受到独立财务顾问足够重视声誉对未来收益的影响，以及损害声誉的行为会被识别并使得独立财务顾问受到市场份额受损的惩罚这两项前提条件的约束。如果声誉机制能够发挥功能，那么声誉能够缓解独立财务顾问与上市公司之间的代理问题，应当在高声誉独立财务顾问的动机在于提供高质量服务、为上市公司创造价值的前提下分析其行为，但如果声誉机制不能发挥功能，那么高声誉独立财务顾问的行为主要受到最大化自身利益动机的驱使，应当在代理问题的前提下分析其行为。

其次，分别在交易作用和监督作用的角度，声誉机制影响下的独立财务顾问行为动机会影响上市公司的聘请决策，以及完成重组、重组协同效应和重组定价三方面的重组后果。声誉机制的作用首先应当体现在影响上市公司的决策上，之后才是对重大资产重组的各项后果产生影响。通过对上述四个方面的检验，本书得出关于独立财务顾问声誉机制有效性的结论，并分析声誉机制在交易作用与监督作用中的具体影响。

第4章　独立财务顾问声誉机制与上市公司的聘请决策

4.1　提出问题

在讨论聘请高声誉独立财务顾问对重大资产重组后果的影响之前，有必要先检验上市公司聘请独立财务顾问的决策，因为独立财务顾问发挥作用的前提是与上市公司签订合约、提供独立财务顾问服务。因此，要检验独立财务顾问声誉机制的具体影响，完整的逻辑在于，首先检验上市公司在何种情况下会倾向于聘请高声誉的独立财务顾问，其次再检验高声誉的独立财务顾问是否确实提供了更有效的交易或者监督作用。本章将讨论第一个问题，即声誉机制对上市公司聘请独立财务顾问决策的影响。具体问题为，在重组的复杂度更高或者上市公司内部的第二类代理问题更严重时，上市公司应当对独立财务顾问的交易作用有更强的需求，或者更需要通过独立财务顾问的监督作用向外界传递公正交易的信号，此时上市公司是否更可能聘请高声誉的独立财务顾问。

4.2　理论分析与研究假说

4.2.1　独立财务顾问的交易作用：基于交易成本理论

在 Benston 和 Smith（1976）的经典文献中，他们指出交易成本是金融中介存在的最主要原因。具体到财务顾问，Servaes 和 Zenner（1996）也指出，交易成本是决定并购方是否聘请财务顾问的首要因素，之后才是解决并购方的代理问题及并购方与标的之间的信息不对称①。根据 King 等（2004）的研究，为了降低交易过程中的交易成本，并购双方均会聘请财务顾问，而相关的费用平均为并购总对价的 1%，这样高额的费用一方面说明降低交易成本的重要性，另一方面也说明并购公司对财务顾问的作用寄予厚望。可见，并购中的交易成本越高，并购公司越需要独立财务顾问降低交易成本的作用。

并购中的交易成本表现在信息搜寻、制定合约和讨价还价之中，具体而言，主要体现在两个方面：其一，并购公司与标的之间存在信息不对称，造成标的选择、估价与整合等过程中存在风险（Servaes and Zenner，1996）；其二，交易过程中会发生沟通、协商、谈判等风险，并购双方都会因此付出金钱和时间（Boeh，2011）。而独立财务顾问在降低（寻找标的过程中的）信息搜寻成本（Wang et al.，2014）、对标的具体情况进行准确的分析、判断（Singh and Montgomery，1987；Reuer and Koza，2000；Hayward，2003）、降低交易过程中的协商与谈判成本中均能发挥作用（Kesner et al.，1994；Thomas，1995）。因此大体上，独立财务顾问的交易作用可以总结为：通过降低交易成本提升重组的经济性。

如果声誉机制能够发挥约束独立财务顾问与上市公司之间代理冲突的作用，那么高声誉的独立财务顾问应当在降低信息不对称与降低协商成本中都有更好的表现。从能力上来说，高声誉的独立财务顾问具有更多的信息、网络资源与经验积累，也具有更多的谈判与制定条款经验。从动机上来说，在维护声誉资本的激励下，独立财务顾问在提供服务时的主要目标在于协助交易的完成，并在此过程中创造更高的价值，在具体参与交易过程中，也以上市公司的利益为主要出发点，从而具有有助于最大化协同效应的创造及有助于在谈判中帮助并购公司在协同效应中分配到更多份额两项作用。因此，在重组的复杂度越高即交易成本越高的情况下，上市公司越可能聘请高声誉的

① 他们也指出，事实上并购方与标的之间的信息不对称也是交易成本的一种体现，但是交易成本主要体现在执行交易的过程中，如更准确地估计标的真实价值、在谈判中为并购方争取一个更低的对价等，因此将信息不对称单独作为一个概念提出。

独立财务顾问。

但是根据第3章的分析，声誉机制能否发挥作用并不确定，如果声誉机制不足以约束独立财务顾问在交易作用中的机会主义行为，那么为了增加业务量，即使当前不是进行并购的最佳时机，独立财务顾问也可能说服上市公司进行并购，或者在寻找标的、协助制定交易条款时主要基于自身的偏好，从而可能导致交易的动机和安排无助于最大化协同效应的创造，以及在谈判中无助于并购公司在协同效应中分配到更多的份额，也就是说，高声誉的独立财务顾问并不能通过高质量的交易作用帮助上市公司实现价值最大化。然而，本章讨论的是上市公司的聘请动机，即使声誉机制并不有效，如果重组的根本目的存在偏差，上市公司仍然可能倾向于聘请高声誉的独立财务顾问。比如，主导重组的大股东希望通过重大资产重组实现利益的转移，上市公司（或者主导重组的大股东）并不需要独立财务顾问有更强的筛选标的能力或者更强的谈判技能，而只需要独立财务顾问协助将重组顺利、快速地完成，独立财务顾问也需要成功的交易来获取佣金（Rau，2000）。上市公司与独立财务顾问（或者主导重组的大股东）之间可能就此达成“合谋”的关系。在上述情形下，只要高声誉的独立财务顾问还是具有更高的完成重组的能力（如熟知证监会的规定和各种法律风险、熟悉重组的流程以及信息披露的规范等），那么其仍然有助于降低执行交易过程中的包括时间成本在内的交易成本，上市公司仍然会倾向于聘请高声誉的独立财务顾问。由于从公开披露的信息之中无法知悉独立财务顾问在多大程度上参与了重组，是提供了寻找潜在标的服务，还是只协助上市公司应对证监会的各项要求，因此无法对上述推论做直接的检验，但是后续章节对价值创造和价值分配的检验可以就独立财务顾问实质上起到的作用提供一定的证据。

根据上述分析，即使声誉机制在交易作用中无效，上市公司（或者大股东）仍然倾向于聘请高声誉的独立财务顾问以顺利地完成交易。在上述逻辑下，无论声誉机制是否有效，重大资产重组的复杂度越高，上市公司凭自身力量完成交易的可能性就越低，也就越需要高声誉独立财务顾问降低交易成本的作用。本章用三个维度的指标来衡量重组复杂度：非相关重组、重组规模和重组类型。

第一，非相关重组。并购方和标的之间的行业相关性越高，并购方越能够掌握关于标的真实价值的信息，双方之间的信息不对称程度也就越小（Boeh，2011；Schijven and Hitt，2012；Servaes and Zenner，1996），在这种情况下，并购方也就越不需要依赖独立财务顾问的交易作用。相反的，行业相关性越小，并购能够创造协同效应的可能性就越小（Anand and Singh，1997；Balakrishnan，1988；Singh and Montgomery，1987），并购方也可能并不熟悉整合标的以创造协同效应的战略步骤（Hoskisson and Hitt，1994；Singh and Montgomery，1987）。而且信息不对称程度越高，交易双方为了尽可能保证己方的利益，也会花费更多的协商时间，独立财务顾问也就能发挥越重要的作用（Sleptsov et al.，2013）。

第二，重组规模。重组规模越大，一方面交易双方在确定标的真实价值时都会越谨慎，以避免不合理的对价影响自身利益，另一方面也意味着整合的难度越大，如何把具有完整业务模式和管理架构的标的整合到自身，形成协同效应，对并购公司的整合能力有很高的要求。对于并购公司来说，如果以很高的对价购买了一个并不合适的标的，那么对公司价值的损害可能是巨大的，因此交易规模越大对并购公司判断标的是否合适的能力要求越高。种种因素都意味着交易规模越高则重组的交易成本越大（Servaes and Zenner，1996；Walter et al.，2008）。

第三，重组类型。在本书的样本之中，约70%的重组类型是以股份或者现金等方式购买资产或者股份，其余的交易则更加复杂，如包含募集配套资金，或者交易的类型为吸收合并，或者不仅包括购买行为，还有资产剥离或者资产置换。重组类型的复杂性增加了条款确定及利益分配的难度，可以用于衡量交易复杂度（Servaes and Zenner，1996）。

虽然独立财务顾问对降低交易成本的作用不受声誉机制是否有效的约束，但是对于上市公司，高声誉也往往意味着独立财务顾问的高收费，聘请独立财务顾问应当是上市公司在综合考量了收益和成本之后做出的决策，因此，更高的交易复杂度是否意味着上市公司更可能聘请高声誉独立顾问需要实证检验。据此提出假说：

H1：其他条件不变，重大资产重组的复杂度越高，上市公司越可能聘请高声誉的独立财务顾问。

4.2.2 独立财务顾问的监督作用：基于代理理论①

除了交易作用，独立财务顾问的另一个主要职责在于（应证监会的要求）提供监督作用，以维护交易的公正性和中小股东的利益。独立财务顾问的监督作用有助于减少上市公司第二类代理成本对重大资产重组的不利影响，具体原因分析如下。

由于所有权与控制权的分离，委托代理问题在很长时间内都是公司治理的核心。在我国，大股东和中小股东之间的第二类代理问题更加突出。在本书的样本中，超过80%的重大资产重组发生在关联方之间。与一般并购重组不同，重大资产重组往往意味着上市公司在进行业务和治理层面的重大转型，是公司战略层面上的决策，因此重大资产重组更可能由大股东主导。既然由大股东主导，由于国内上市公司公司治理机制尚不完善，重大资产重组就有沦为大股东掏空上市公司渠道的风险。Shleifer 和 Vishny（1986）发现，在缺乏有效外部监管时，集中的股权会诱发大股东通过并购攫取控制权私有收益，我国学者也得出了类似的结论（陈旭东等，2013；陈玉罡、陈文婷，2011）。

独立财务顾问的监督作用有助于遏制大股东的掏空行为、保护中小股东的利益。在重大资产重组中，应《上市公司并购重组财务顾问业务管理办法》的要求，独立财务顾问需要以独立的立场关注重组目的、方案、定价等是否公允，保证资产权属的清晰性和资产的完整性，评价重组后上市公司是否具备持续经营能力和持续盈利能力、盈利预测是否可实现、是否保持了公司经营独立性、中小股东利益是否受到侵害等问题。因此独立财务顾问需要保持独立于上市公司的身份和立场，不与上市公司存在关联关系。在《上市公司重大资产重组管理办法》中，也要求独立财务顾问应当就重大资产重组是否

① 针对上市公司内部大股东与中小股东之间的第二类代理问题，不同于第3章提出的上市公司和独立财务顾问之间的代理冲突。

构成关联交易、对上市公司非关联股东的影响发表意见。上述意见一般出具于上市公司披露的独立财务顾问报告中的“本次交易的合规性分析”“本次交易所涉及的资产定价和股份定价的合理性分析”等章节。这两项《管理办法》中的要求可以归纳为交易的公正性：独立财务顾问通过履行监督职能保障重大资产重组的出发点是为了上市公司的可持续发展，且在筹划与实施交易中不会损害中小股东的利益。因此，独立财务顾问的监督作用可以大体上总结为维护重组的公正性。

与 4.2.1 中上市公司出于降低交易成本的原因聘请高声誉独立财务顾问的动机不同，对于独立财务顾问的监督作用，在信息披露机制未臻完善、其他监管机制也还不发达的当下，上市公司并不具有主动寻求“被监督”的动机。然而，上市公司仍然会在代理成本较高的情况下聘请高声誉的独立财务顾问，是因为后者能够向包括投资者、证监会在内的外界传递重大资产重组不受代理问题的影响、交易公正的信号，从而有助于重大资产重组通过股东大会的审议和证监会的审核并且得到投资者的良好反馈。具体分析如下。

投资者会对上市公司内部可能存在的代理问题做出负面反馈。Lin 等（2011）发现如果并购方的管理层拥有大额的董监事责任保险（D&O 保险），则投资者会在并购宣告时做出负面的反应，因为上述保险可能引发逃避诉讼的道德风险问题，而如果并购中有机构投资者的参与，则投资者反应相对更好，因为机构投资者具有认证效应（Nain and Yao，2013）。也就是说，如果投资者认为公司内部的代理问题可能损害到自身利益，就会对并购做出负面的反应。类似的，如果重大资产重组的目标并不在于协同效应，而沦为大股东掏空上市公司的手段，上市公司自然会尽量隐藏相关的信息，而投资者实际上会根据已知的信息去推测公司内部人隐藏信息的可能性，并将此类信息认定为坏消息（Dye，1985；Jung and Kwon，1988），因此只要存在大股东掏空的嫌疑，宣告日市场反应就很可能为负。

除了“用脚投票”，中小股东也有“用手投票”的权利，即参加股东大会。在股东大会决议之中，中小股东可以通过投反对票的方式拒绝可能损害自身利益的并购议案，如 2012 年，长城电脑（000066）的股东大会就否决了收购冠捷科技有限公司股份的议案，因为中小股东认为实际收购动机在于将大股东投资失败的损失转嫁到中小股东上①；2011 年，粤高速（000429）大股东注入资产的议案也被股东大会否决，收购溢价高达 767%、小股东利益被侵害是否决的主要原因②。

除了中小股东本身，证监会也会关注类似的问题，因为一般情况下交易的公正性与中小股东利益的维护是一致的，而且证监会审核不通过交易的后果也和议案没有通过股东大会审核是类似的，因此，如果用国外文献分析投资者监督作用的思路分析国内并购重组事件，应当同时考虑投资者和证监会两个主体。

为了向包括中小股东在内的投资者、证监会传递关于交易公正性的信号，上市公司会聘请高声誉的独立财务顾问，因为在声誉机制有效的前提下，在能力的角度，高声誉意味着独立财务顾问有更多评价交易的经验，因此在识别上市公司是否故意隐藏或者歪曲信息、表述是否存在前后不一致、交易的哪些方面可能暴露出不公正性等方面具有更强的能力。在动机的角度，在维护声誉资本的激励下，独立财务顾问会尽量避免与上市公司（大股东）合谋，因为一旦事后被监管方、媒体等识别出来，声誉资本会受到损害，并且也会更加努力、谨慎地提供监督作用，以尽可能杜绝可能损害中小股东利益的条款。

上述推论得到了一系列基于美国市场研究的支持。虽然没有直接提及投行提供的公平意见服务，但 Thomas（1995）以认证交易不受公司内部代理问题的影响来解释并购双方聘请财务顾问的动机，他发现机构投资者持股会增加并购公司聘请财务顾问特别是高声誉财务顾问的概率。类似的，Servaes 和 Zenner（1996）讨论了出于解决公司内部代理问题而聘请财务顾问的可能性，基于美国公司第一类代理问题突出的实际情况，他们提出，作为实际执行并

① 网易新闻．长城电脑溢价收购冠捷议案遭股东大会被否决［EB/OL］．2012-5-11，http：//tech. 163. com/12/0511/01/816ILIOV000915BD. html.

② 网易新闻．粤高速收购资产溢价 767% 涉嫌侵害小股东利益［EB/OL］．2011-7-18，http：//money. 163. com/special/sz000429/.

购一方的管理层通过聘请财务顾问的方式来满足董事会的监管需求，Wang 和 Whyte（2010）也认为代理问题更严重（以管理权衡量）的并购公司更可能聘请高声誉的财务顾问，因为高声誉的财务顾问具有的监督作用事实上提高了董事会批准交易的可能性。在国内的背景下，上述文献的观点也成立，不同的是，考虑国内上市公司中第二类代理问题突出，中小股东主要担心上市公司没有披露关于大股东掏空上市公司的信息，从而会在股东大会中否决议案，或者导致负面的宣告日市场反应，证监会也更可能审核不通过交易目的不明确的并购重组，因此上市公司会出于认证交易不受第二类代理问题影响的动机聘请高声誉的独立财务顾问。

然而，上市公司的上述聘请动机并不等同于高声誉独立财务顾问确实维护了重组的公正性。和上文对交易作用的分析类似，如果上市公司发起重组的目的本身就存在偏差，那么即使声誉机制在监督作用之中无效，独立财务顾问为不公正的交易也出具公正的评价意见，只要高声誉独立财务顾问认证交易公正性的“形象”存在，或者发挥“包装美化”的特长把不公正的交易“伪装”成公正，不论声誉机制是否实质上有效①，上市公司（或者具有主导权的大股东）都会聘请高声誉的财务顾问，以其监督作用为重组“保驾护航”。

总之，如果上市公司内部的代理问题较严重，为了向包括投资者、证监会在内的外界传递重大资产重组不受代理问题影响的公正性信号，上市公司倾向于聘请高声誉的独立财务顾问。虽然上述聘请动机不受声誉机制是否有效的约束，但高声誉的独立财务顾问也可能拒绝代理问题严重的上市公司的业务，以维护自身的声誉，因此上市公司认证重组公正性的需求对聘请高声

① 事实上，在认证交易的公平性上，独立财务顾问的声誉机制很可能是“名不副实”的，因为由于只有长期的价值才能体现中小股东利益是否得到维护，监督作用的有效性需要一个较长的过程才能反映出来，除了极少数明显的不公正交易（如上文所列举的股东大会投票否决了溢价过高的并购议案），其余交易是否公正并不容易被投资者、证监会等外部人识别，也就是说，无效的监督作用并不容易被识别，自然也就很难被施加惩罚，这不满足声誉机制发挥功能的第二项前提条件。因此，声誉机制在监督作用中很可能是无效的，高声誉的独立财务顾问很可能并不会提供高质量的监督作用。本书第 7 章将就此提供直接的证据。

誉独立财务顾问概率的影响是一个实证问题。综上提出假说：

H2：其他条件不变，重大资产重组中大股东的掏空嫌疑越高，上市公司越可能聘请高声誉的独立财务顾问。

4.3 研究设计

4.3.1 样本与模型

本书以国内A股市场上非金融行业的重大资产重组事件为样本而不包含一般的并购事件。原因如下：第一，一般的并购中财务顾问不受《上市公司重大资产重组管理办法》的约束，也不是所有的并购都属于《上市公司并购重组财务顾问业务管理办法》中规定需要对交易出具公正意见的情况①，因此一般并购中财务顾问是否具有监督作用是不一定的；第二，根据《上市公司重大资产重组管理办法》的规定，上市公司在重大资产重组中必须要聘请独立财务顾问，因此不存在是否聘请的问题，而聘请与不聘请的决策可能内生于某些公司特征，本书的做法避免了人为划分样本造成的自选择问题；第三，重大资产重组意味着企业结构的实质性改变，对上市公司的影响比一般并购更为重大，更能凸显独立财务顾问的作用，而且避免了对一般并购样本限制标的规模②的主观性；第四，证监会对重大资产重组的信息披露要求更为严格，因此上市公司的信息披露更为规范和全面，有利于本书数据的搜集，对于其他一般的并购事件，由于信息披露的不完全，很难识别出是否存在上市公司聘请了财务顾问或独立财务顾问但未披露的可能性，本书的做法也就避免了遗漏样本的问题。

重大资产重组的样本时间区间为2006—2013年。根据CSMAR并购重组数据库，从2006年开始，上市公司的重大资产重组事件才逐年连续发生，可

---

① 根据《上市公司并购重组财务顾问业务管理办法》第二十四条，包括上市公司收购、要约收购、重大资产重组、发行股份购买资产等。

② 比如，由于太小规模的并购不会对上市公司产生实质性影响，一般文献会删去支付对价在100万元或者1000万元以下的样本。

认为 2006 年是重大资产重组开始成为上市公司转型普遍方式的开始。样本时间区间结束于 2013 年，是因为 2013 年开始实施并购重组审核通道制改革，中国证券业协会发布了《证券公司从事上市公司并购重组财务顾问业务执业能力专业评价工作指引》及《2013 年度证券公司从事上市公司并购重组财务顾问业务执业能力专业评价结果》，之后上市公司的聘请偏好及独立财务顾问声誉的作用后果可能会受此影响①。通道制改革的重要性也体现在了 2014 年新修订的《上市公司重大资产重组管理办法》之中。此外，声誉机制的有效性主要反应在独立财务顾问对重组价值创造的影响上，而考虑重组过程耗时较长、整合也需要较长的时间才能完成，第 6 章在检验协同效应时，采用滞后三期的会计业绩，所以本书将样本截止到 2013 年底，但研究期间实际上是 2006—2016 年。

独立财务顾问声誉指标来自 Mergermarket 数据库，聘请的独立财务顾问名称、重组类型、标的所在行业、是否为借壳上市、支付对价、标的规模、停牌与过会时间等与重组相关的数据为笔者根据巨潮网公告手工整理，其他数据均来自 CSMAR 数据库。

如下 Probit 模型（4-1）用于检验 H1。

$$Rep = \beta_0 + \beta_1 Transaction + ControlVariables + \varepsilon \tag{4-1}$$

如下 Probit 模型（4-2）用于检验 H2。

$$Rep = \beta_0 + \beta_1 Tunneling + ControlVariables + \varepsilon \tag{4-2}$$

其中，Rep 表示独立财务顾问的声誉，高声誉则 Rep 为 1，否则等于 0。Transaction 表示重组复杂度，以重组规模、重组类型和非相关重组衡量。Tunneling表示大股东掏空的可能性，以并购前一年其他应收款的程度和关联重组来衡量。参考刘银国等（2015）、梁上坤和陈冬华（2015）、陈玉罡等（2013），其他应收款占总资产的比值可以衡量大股东对上市公司的掏空程度，

① 财务顾问业务执业能力专业评价结果取代声誉成为影响上市公司聘请决策的一个最主要因素，或者对重组通过证监会审核有更显著的影响。这也体现在 2014 年新修订的《上市公司重大资产重组管理办法》之中：第八条规定，证监会在审核时，财务顾问的执业能力和质量是决定是否减少审核内容与环节的一个依据。

参考陈骏、徐玉德（2012）和邓建平等（2011），关联并购很可能是大股东掏空上市公司的手段。

在回归模型中，本章还将控制其他上市公司特征及重组特征变量，并控制年度、行业和地区固定效应。

4.3.2 变量定义

为衡量券商的声誉，Megginson 和 Weiss（1991）提出 M-W 方法：在成熟的证券发行市场中，券商处于激烈的市场竞争，竞争力越强，市场份额也会越高。如果券商做出机会主义行为，会被市场识别并施加惩罚，表现为市场份额降低。Sibilkov 和 McConnell（2014）发现并购宣告日的市场反应会影响财务顾问之后的市场份额，可见市场对财务顾问能力的评价能够反应在市场份额之中。考虑声誉的形成需要时日积累，单个年份的市场份额变动并不足以确认独立财务顾问的声誉，本章参考 Golubov 等（2012）、Ismail（2010）、Hunter 和 Jagtiani（2003）等文献，以整个样本期间的市场份额定义独立财务顾问声誉，如果券商以财务顾问身份参与的并购重组数目属于前十大，则定义为高声誉，否则为低声誉①。独立财务顾问市场份额的数据取自并购市场资讯有限公司 Mergermarket 数据库中的 League table（排名表），考虑独立财务顾问声誉需要一定的积累期，本章将独立财务顾问声誉考察期的起点定在该数据库开始披露 League table 信息的 1998 年。因此，独立财务顾问声誉的定义标准是：以 1998—2013 年为所有中国企业为并购方的并购重组事件担任财务顾问②的项目数目排名，如果上市公司聘请的券商属于前十大③，即中金公司、中信证券、华泰联合证券④、西南证券、海通证券、广发证券、国泰君

---

① 重大资产重组往往包含发行股份购买资产，因此还存在发行股票的承销商，但一般也是由独立财务顾问所在的券商担任，因此不存在独立财务顾问和承销商声誉交叠影响的问题。

② 国内 A 股市场上的并购重组事件数目和重大资产重组事件数目存在数量级上的差异，仅以重大资产重组事件为标准衡量独立财务顾问的声誉不足以反映其行业地位。

③ 限定为国内的券商，不包括高盛集团、德意志银行等国外券商，因为它们不具有为我国上市公司担任重大资产重组独立财务顾问的资格。

④ 更名前为联合证券。

安、招商证券、中信建投、中银国际（按照第一到第十的顺序），代表独立财务顾问声誉的变量 *Rep* 为 1，否则为 0①。稳健性检验将替换为以担任财务顾问项目的规模、独立财务顾问所在券商的资产规模排名。

将声誉设置成虚拟变量而非连续变量，是参考 Fang（2005）和 Golubov 等（2012）的做法，基于两个原因：其一，一般业界（如华尔街）在认定财务顾问时，也大体上区分为高声誉的财务顾问和其他财务顾问，因此这样的研究设计更符合实际情况，也有利于将研究结论用于指导实践；其二，如果设置连续变量，就要求财务顾问的市场份额（或者其他连续型的指标）要能精确地反映出声誉之间的差别，然而声誉产生影响应当具有一定的“门槛”，市场份额的细小差异并不具有实质意义（徐浩萍、罗炜，2007），因此设置虚拟变量更为合适。

变量定义如表 4-1 所示。

表 4-1　变量定义说明

变量类型	变量名称	变量符号	变量定义与说明
被解释变量	聘请高声誉独立财务顾问的决策	*Rep*	如果上市公司聘请的独立财务顾问属于高声誉（即上文所列十个券商之一），该值等于 1，否则为 0
解释变量	非相关重组（衡量重组复杂度）	*Ifunrelate*	如果标的所在行业与上市公司所在行业不相关，即该并购为非产业并购，该值等于 1，否则为 0。双方行业相关性越小，则交易成本越大（Servaes and Zenner，1996；Porrini，2006；Sleptsov et al.，2013；Song et al.，2013）
	重组规模（衡量重组复杂度）	*Pay*	支付对价的自然对数，该值越大说明重组规模越大，交易成本也就越大（Servaes and Zenner，1996；Wang et al.，2014；Song et al.，2013）

① 对于少数聘请了不止一个独立财务顾问的样本，只要其中至少一个独立财务顾问属于十大，即定义为聘请了高声誉的独立财务顾问。

续表

变量类型	变量名称	变量符号	变量定义与说明
解释变量	重组类型（衡量重组复杂度）	*Deal_ type*	根据并购公告，如果重大资产重组不仅仅涉及以现金或者股份购买资产或者股份，还涉及募集配套资金、资产剥离、资产置换、吸收合并等形式，该值等于1，否则为0。交易越复杂，交易成本也越大（Servaes and Zenner，1996）
	关联重组（衡量大股东的掏空嫌疑）	*Relate*	如果重大资产重组属于关联并购，该值等于1，否则为0。参考陈骏、徐玉德（2012）和邓建平等（2011），关联并购很可能是大股东掏空上市公司的手段
	大股东占款（衡量大股东的掏空嫌疑）	*H_ rec*	参考刘银国等（2015）、梁上坤和陈冬华（2015）、陈玉罡等（2013），其他应收款占总资产的比值可以衡量大股东对上市公司的掏空程度。但是只有其他应收款高到不合理的程度，掏空行为才可能是事实，否则可能只是上市公司与股东之间正常的业务往来，因此本章以年度—行业中位数作为合理的界限，设置虚拟变量，大于中位数，该值等于1，否则为0
控制变量	标的类型	*Target_ type*	如果标的中包含股份，该值等于1，否则为0（Servaes and Zenner，1996）
	股份支付	*Payment*	如果支付方式中包含股份支付，该值等于1，否则为0（Servaes and Zenner，1996）
	营业收入	*Sale*	上一期营业收入的自然对数（张洽、袁天荣，2013）
	资产负债率	*Lev*	上一期资产负债率（Golubov et al.，2012）
控制变量	重大资产重组的经验	*First*	如果是样本期间上市公司第一次的重大资产重组，该值等于1，否则为0（Servaes and Zenner，1996）
	产权性质	*Soe*	如果上一期公司实际控制人是国有性质，该值等于1，否则为0

续表

变量类型	变量名称	变量符号	变量定义与说明
控制变量	借壳	*Reverse*	根据并购公告，如果重大资产重组的实质是借壳上市，该值等于1，否则为0
	年度	*Year*	观测值处于该年度则取1，否则为0
	行业	*Industry*	观测值处于该行业则取1，否则为0。制造业采用三位代码，其余行业采用一位代码
	地区	*Province*	观测值的注册地属于该省份则取1，否则为0

4.4　实证结果分析与讨论

4.4.1　实证结果分析与讨论

表4-2是样本在年度和行业上的分布情况。Panel A显示，各年度的样本量大体上具有随时间而增加的趋势，2011年的重组事件数量较少，这与陈泽艺等（2017）、王潇炜和顾桂定（2015）的样本情况是一致的。高声誉独立财务顾问大约占据了一半的市场份额。Panel B显示，制造业是发生重大资产重组最多的一个行业，其次是信息传输、软件和信息技术服务业，这符合该行业发展迅速且受到各类产业政策支持的特点。

表4-2　样本的分年度、分行业分布情况

Panel A：样本的年度分布情况		
年份	样本量	聘请高声誉独立财务顾问的样本量
2006	2	0
2007	19	6
2008	61	25
2009	72	35
2010	56	30
2011	31	19

续表

Panel A：样本的年度分布情况			
2012	61	30	
2013	69	35	
总计	371	180	
Panel B：样本的行业分布情况			
A	农、林、牧、渔业	5	3
B	采矿业	13	4
C	制造业	230	111
D	电力、热力、燃气及水生产和供应业	19	12
E	建筑业	10	7
F	批发和零售业	22	11
G	交通运输、仓储和邮政业	9	5
H	住宿和餐饮业	2	0
I	信息传输、软件和信息技术服务业	27	12
K	房地产业	12	4
L	租赁和商务服务业	6	4
N	水利、环境和公共设施管理业	2	2
O	居民服务、修理和其他服务业	2	1
P	教育	1	1
R	文化、体育和娱乐业	3	1
S	综合	8	2
总计		371	180

表4-3是本章变量的描述性统计。Rep的均值为0.485，说明在重大资产重组中，排名前十大的独立财务顾问占据了接近一半的市场份额，这体现了高低声誉独立财务顾问所占市场份额存在显著的区别。国内文献在以市场份额衡量承销商声誉时，基本上也发现排名前十的承销商占据了一半左右的市场份额（许荣等，2013；徐浩萍、罗炜，2007）。Ifunrelate的均值为0.318，说明不少重大资产重组标的来自与上市公司不相关的行业，这增加了识别标的价值的难度，也就更需要独立财务顾问的交易作用。Relate的均值为

0.849，说明绝大多数的重大资产重组发生在关联方之间，这增加了大股东掏空的可能性，凸显了独立财务顾问监督作用的重要性。

表 4-3　描述性统计

变量	个数	均值	标准差	中位数	最小值	最大值
Rep	371	0.485	0.500	0.000	0.000	1.000
Ifunrelate	371	0.318	0.466	0.000	0.000	1.000
Pay	371	21.067	1.186	21.192	17.701	24.095
Deal_ type	371	0.307	0.462	0.000	0.000	1.000
Relate	371	0.849	0.358	1.000	0.000	1.000
H_ rec	371	0.534	0.500	1.000	0.000	1.000
Target_ type	371	0.887	0.317	1.000	0.000	1.000
Payment	371	0.836	0.371	1.000	0.000	1.000
Sale	371	20.410	1.703	20.371	16.364	24.796
Lev	371	0.560	0.344	0.522	0.048	1.677①
First	371	0.943	0.231	1.000	0.000	1.000
Soe	371	0.566	0.496	1.000	0.000	1.000
Reverse	371	0.485	0.500	0.000	0.000	1.000

表 4-4 是样本的 Pearson/Spearman 相关系数表，可以看出，在还未控制影响上市公司聘请决策的其他因素之前，重组复杂度（非相关重组、重组规模、重组类型）和大股东掏空嫌疑（关联重组、大股东占款）对是否聘请高声誉独立财务顾问具有一定的影响。大部分变量之间的相关系数不超过 0.3，说明变量之间的多重共线性较弱。

① 考虑上市公司发起重大资产重组的重要原因之一是经营出现重大问题、资不抵债，本书并不剔除资产负债率异常的样本。

表 4-4 主要变量的 Pearson/Spearman 相关系数

变量	*Rep*	*Ifunrelate*	*Pay*	*Deal_type*	*Relate*	*H_rec*	*Target_type*	*Payment*	*Sale*	*Lev*	*First*	*Soe*	*Reverse*
Rep	1	0.253***	0.113**	-0.003	0.064	0.093**	0.023	0.052	0.240***	-0.139	-0.136***	0.067	0.036
Ifunrelate	0.258***	1	0.161***	0.102*	-0.032	0.331***	-0.045	0.009	0.268***	0.016***	-0.094*	0.204***	0.186***
Pay	0.113**	0.168***	1	0.561***	0.201***	0.183***	-0.186***	-0.319***	-0.098*	-0.021***	0.087*	0.112**	0.252***
Deal_type	-0.003	0.085	0.561***	1	0.198***	0.142***	-0.085	-0.197***	-0.393***	0.179***	0.017	-0.021	0.349***
Relate	0.064	-0.032	0.201***	0.198***	1	0.074	-0.061	-0.079	-0.084	0.198***	0.005	0.010	0.001
H_rec	0.093*	0.334***	0.183***	0.142***	0.074	1	-0.103**	0.077	0.099*	0.267***	0.027	0.299***	0.153***
Target_type	0.023	-0.059	-0.186***	-0.085	-0.061	-0.103**	1	0.140***	-0.101**	-0.045	-0.051	-0.210***	0.023
Payment	0.052	0.030	-0.319***	-0.197***	-0.079	0.077	0.140***	1	0.030	0.031	-0.046	-0.051	-0.135***
Sale	0.231***	0.261***	-0.087*	-0.420***	-0.096*	0.073	-0.114**	0.009	1	0.176***	-0.036	0.315***	-0.150***
Lev	0.057	0.149***	0.191***	0.267***	0.221***	0.227***	-0.010	0.075	-0.095*	1	-0.079	-0.322***	0.017
First	-0.136***	-0.094*	0.087*	0.017	0.005	0.027	-0.051	-0.046	-0.030	-0.051	1	-0.050	-0.094*
Soe	0.067	0.175***	0.112**	-0.021	0.010	0.299***	-0.210***	-0.051	0.315***	0.078	-0.050	1	0.011
Reverse	0.036	0.184***	0.252***	0.349***	0.001	0.153***	0.023	-0.135***	-0.169***	0.058	-0.094*	0.011	1

注:左下部分为 Pearson 检验结果,右上部分为 Spearman 检验结果;*、**、*** 分别表示在 10%、5%、1%的显著性水平下显著(双尾检验)。

4.4.2　多元回归结果

表 4-5 是 H1 的回归结果，因变量为 *Rep*，解释变量 *Ifunrelate*、*Pay*、*Deal_ type* 分别表示非相关重组、重组规模和重组类型，三个解释变量系数均显著为正，说明在双方行业相关性越小、重组规模越大、类型越复杂（即重组越复杂、交易成本越大）的情况下，上市公司越可能聘请高声誉的独立财务顾问，H1 得证。

表 4-5　H1 的检验结果

变量	*Rep*	*Rep*	*Rep*
Ifunrelate	0.454**		
		(2.24)	
Pay		0.261***	
			(3.51)
Deal_ type			0.670***
			(3.46)
Target_ type	0.317	0.200	0.395
	(1.23)	(0.79)	(1.51)
Payment	0.377*	0.287	0.521**
	(1.75)	(1.33)	(2.34)
Sale	0.265***	0.161***	0.240***
	(4.61)	(2.91)	(4.43)
Lev	0.283	0.289	0.239
	(1.16)	(1.20)	(0.97)
First	−0.815**	−0.771*	−0.941**
	(−2.08)	(−1.90)	(−2.36)
Soe	−0.307*	−0.329*	−0.354*
	(−1.69)	(−1.79)	(−1.91)
Reverse	0.303	0.255	0.273
	(1.10)	(0.93)	(0.99)

续表

变量	*Rep*	*Rep*	*Rep*
Constant	-9.180	-12.352	-8.463
	(-0.05)	(-0.10)	(-0.07)
Year	Yes	Yes	Yes
Industry	Yes	Yes	Yes
Province	Yes	Yes	Yes
Pseudo R^2	0.184	0.199	0.199
LR chi^2	94.807	102.536	102.061
N	371	371	371

注：括号内为 z 值，* 为 $p < 0.1$，** 为 $p < 0.05$，*** 为 $p < 0.01$

在控制变量中，股份支付（Payment）的系数显著为正，因为股份支付方式的采用在一定程度上增加了交易的复杂度，涉及每股价格和支付数量的确定，由于上市公司市净率普遍偏高，重组对方会更加谨慎地评价对价的合理性，导致谈判的难度增加，提高了上市公司对独立财务顾问服务的需要，这与之前文献（Servaes and Zenner，1996；Hayward，2003）的发现相符。销售收入（Sale）的系数显著为正，因为高的销售收入一方面代表上市公司可能发起了更大规模、更复杂的重组，另一方面也意味着上市公司有更强的实力聘请收费更高的高声誉独立财务顾问。重大资产重组的经验（First）的系数显著为负，在样本期间，首次发起重大资产重组的上市公司不倾向于聘请高声誉的独立财务顾问，这可能是因为和并购不同，高频率的重大资产重组意味着上市公司在频繁地进行主业转型，或者经常出现特殊处理（ST）以至于要保壳的情形，会更加“迫切”地需要重组的成功，因此会更需要独立财务顾问的作用。产权性质（Soe）的系数显著为负，说明民营上市公司更倾向于聘请高声誉的独立财务顾问，可能原因在于，民营上市公司在获取信贷、业务许可等各类资源上的实力都弱于国有上市公司，因此会对独立财务顾问的信息渠道、业务资源有更高的需要。

表 4-6 第 2 列和第 3 列是 H2 的回归结果。因变量为 *Rep*，解释变量 *Relate*、*H_ rec* 分别表示关联重组、更高的大股东占款，两个解释变量系数均

显著为正，说明在大股东掏空嫌疑越高的情况下，上市公司越可能聘请高声誉的独立财务顾问，H2 得证。

表 4-6 第 4 列同时控制了模型（4-1）、模型（4-2）中的解释变量，可以看到，在同时控制重组复杂度与大股东掏空嫌疑后，只有衡量重组复杂度的变量 *Pay* 和 *Deal_ type* 系数显著为正①，说明旨在降低交易成本的交易作用是上市公司聘请高声誉独立财务顾问的主要动机。这是因为，不同于美国董事会聘请投行提供公平意见以作为善管义务的体现，独立财务顾问提供监督作用是应证监会的强制要求，并不是上市公司或上市公司利益相关者的需求，而且上市公司还可以凭借政治关系或者聘请与证监会存在关系联结的券商来提高重组通过审核的概率②，导致上市公司对独立财务顾问的需求主要在于其交易作用而非监督作用。

表 4-6　H2 的回归结果

变量	*Rep*	*Rep*	*Rep*
Relate	0.468**		0.183
	(1.98)		(0.73)
H_ rec		0.264*	0.239
		(1.69)	(1.47)
Ifunrelate			0.064
			(0.27)
Pay			0.228***
			(2.87)
Deal_ type			0.517**
			(2.33)
Target_ type	0.259	0.256	0.365
	(1.02)	(1.01)	(1.39)

---

① 变量 *Ifunrelate* 的系数不显著，可能因为与变量 *H_ rec* 之间的相关性较强，表 4-4 显示，两个变量的 Pearson 相关系数为 0.334，Spearman 相关系数为 0.331，且在 1%水平上显著。

② 如黄亮华、谢德仁（2016）就发现承销商拥有的关联发审委员越多，IPO 被发审委否决的概率越低。

续表

变量	Rep	Rep	Rep
Payment	0. 247	0. 342	0. 480 **
	(1. 15)	(1. 60)	(2. 08)
Sale	0. 208 ***	0. 221 ***	0. 199 ***
	(3. 97)	(4. 23)	(3. 20)
Lev	0. 335	0. 301	0. 058
	(1. 40)	(1. 23)	(0. 23)
First	-0. 845 **	-0. 820 **	-0. 913 **
	(-2. 16)	(-2. 07)	(-2. 19)
Soe	-0. 359 *	-0. 297	-0. 422 **
	(-1. 94)	(-1. 64)	(-2. 21)
Reverse	0. 366	0. 500 *	0. 089
	(1. 37)	(1. 90)	(0. 30)
Constant	-8. 125	-8. 136	-12. 902
	(-0. 04)	(-0. 06)	(-0. 11)
Year	Yes	Yes	Yes
Industry	Yes	Yes	Yes
Province	Yes	Yes	Yes
Pseudo R^2	0. 182	0. 180	0. 223
LR chi^2	93. 735	92. 620	114. 785
N	371	371	371

注：括号内为 z 值，* 为 $p < 0.1$，** 为 $p < 0.05$，*** 为 $p < 0.01$。

表 4-7、表 4-8 是对 H1 和 H2 的进一步检验，以上市公司年龄（年度-成立时间+1）的年度—行业中位数为标准，将样本分为成熟企业和年轻企业。年龄会影响上市公司对独立财务顾问的需要。在独立财务顾问通过交易作用降低交易成本的角度，上市公司越成熟，在判断自身及行业发展前景时有更多的经验，能做出更正确的并购决策，同时也更可能具有并购经验，能够依靠自身经验对标的价值做出准确估计，因此对独立财务顾问的依赖程度也就越弱；在独立财务顾问通过监督作用向外界传递交易公正性信号的角度，上

市公司成立的时间越短，外界所累积的上市公司相关信息也就越少，越难对其治理状况做出判断，为了重组的成功完成（主要指通过证监会的审核）以及得到投资者的正面反应，上市公司也就越可能需要独立财务顾问传递信号的作用。

表 4-7、表 4-8 的结果显示，只在年轻企业之中，重组复杂度、大股东掏空嫌疑与独立财务顾问声誉正相关，验证了上述推论，同时也进一步证明上市公司会出于自身需要有选择地聘请独立财务顾问。

表 4-7　根据年龄分组后 H1 的检验结果

变量	成熟企业	年轻企业	成熟企业	年轻企业	成熟企业	年轻企业
	Rep	*Rep*	*Rep*	*Rep*	*Rep*	*Rep*
Ifunrelate	0. 302	0. 505 *				
	(1. 08)	(1. 73)				
Pay			0. 158	0. 287 ***		
			(1. 46)	(3. 37)		
Deal_ type				0. 339	0. 571 **	
				(1. 11)	(2. 48)	
Target_ type	0. 208	0. 334	0. 119	0. 309	0. 180	0. 351
	(0. 59)	(1. 02)	(0. 34)	(1. 07)	(0. 42)	(1. 21)
Payment	0. 043	0. 568 **	0. 002	0. 241	-0. 108	0. 604 **
	(0. 15)	(2. 00)	(0. 01)	(0. 91)	(-0. 33)	(2. 18)
Sale	0. 228 ***	0. 287 ***	0. 166 **	0. 189 ***	0. 235 ***	0. 255 ***
	(3. 01)	(3. 38)	(2. 41)	(2. 85)	(2. 90)	(3. 87)
Lev	-0. 012	0. 441	0. 002	0. 267	0. 054	0. 266
	(-0. 04)	(1. 15)	(0. 01)	(0. 82)	(0. 16)	(0. 79)
First	-0. 630	-1. 537 **	-0. 589	-1. 008 *	-0. 631	-1. 059 *
	(-1. 47)	(-2. 38)	(-1. 33)	(-1. 78)	(-1. 22)	(-1. 92)
Soe	-0. 194	-0. 350	-0. 129	-0. 243	-0. 323	-0. 171
	(-0. 78)	(-1. 54)	(-0. 54)	(-1. 21)	(-1. 13)	(-0. 87)

续表

变量	成熟企业	年轻企业	成熟企业	年轻企业	成熟企业	年轻企业
	Rep	***Rep***	***Rep***	***Rep***	***Rep***	***Rep***
Reverse	0.474	-0.095	0.467	-0.066	0.487	0.112
	(1.32)	(-0.26)	(1.32)	(-0.21)	(1.16)	(0.36)
Constant	-3.916**	-4.533**	-5.886**	-9.021***	-4.579**	-4.871***
	(-2.25)	(-2.49)	(-2.34)	(-4.37)	(-2.39)	(-3.24)
Year	Yes	Yes	Yes	Yes	Yes	Yes
Industry	Yes	Yes	Yes	Yes	Yes	Yes
Province	Yes	Yes	Yes	Yes	Yes	Yes
Pseudo R^2	0.083	0.204	0.088	0.135	0.180	0.117
LR chi^2	17.086	61.911	18.034	41.116	36.752	35.525
N	149	222	149	222	149	222

注：括号内为 z 值，* 为 $p < 0.1$，** 为 $p < 0.05$，*** 为 $p < 0.01$。

表 4-8 根据年龄分组后 H2 的回归结果

变量	成熟企业	年轻企业	成熟企业	年轻企业
	Rep	***Rep***	***Rep***	***Rep***
Relate	-0.240	0.488*		
	(-0.50)	(1.92)		
H_ rec			-0.073	0.334*
			(-0.29)	(1.75)
Target_ type	0.070	0.269	0.082	0.245
	(0.17)	(0.94)	(0.19)	(0.86)
Payment	-0.113	0.322	-0.149	0.430*
	(-0.35)	(1.25)	(-0.48)	(1.67)
Sale	0.215***	0.231***	0.218***	0.260***
	(2.69)	(3.63)	(2.74)	(3.96)
Lev	0.141	0.356	0.155	0.348
	(0.44)	(1.10)	(0.47)	(1.06)

续表

变量	成熟企业	年轻企业	成熟企业	年轻企业
	Rep	*Rep*	*Rep*	*Rep*
First	-0.550	-1.070*	-0.529	-0.946*
	(-1.07)	(-1.92)	(-1.03)	(-1.76)
Soe	-0.231	-0.273	-0.266	-0.165
	(-0.81)	(-1.31)	(-0.94)	(-0.84)
Reverse	0.662*	0.081	0.634	0.183
	(1.67)	(0.26)	(1.61)	(0.61)
Constant	-4.040**	-4.246***	-4.290**	-4.920***
	(-2.07)	(-2.93)	(-2.26)	(-3.29)
Year	Yes	Yes	Yes	Yes
Industry	Yes	Yes	Yes	Yes
Province	Yes	Yes	Yes	Yes
Pseudo R^2	0.175	0.109	0.174	0.106
LR chi^2	35.906	32.949	35.739	32.300
N	149	222	149	222

注：括号内为 z 值，* 为 $p < 0.1$，** 为 $p < 0.05$，*** 为 $p < 0.01$。

4.4.3　稳健性检验

前文以券商以财务顾问身份参与的并购重组数日来定义独立财务顾问声誉，此处替换为并购规模，即以 1998—2013 年为所有中国企业为并购方的并购重组事件担任财务顾问的项目规模排名，如果上市公司聘请的券商属于前十大①，代表独立财务顾问声誉的变量 *Rep* 为 1，否则为 0。独立财务顾问是券商的一项业务，因此，独立财务顾问的声誉在很大程度上与券商的声誉可能是一致的，本章也以独立财务顾问所在券商的资产规模排名前十大来定义

① 前十大包括（按照顺序）：中金公司、中信证券、广发证券、中银国际、海通证券、国泰君安、招商证券、西南证券、银河证券、华泰联合证券。

高声誉①。表 4-9 列示了检验结果，本章结论不变。

表 4-9 重新定义声誉后 H1 的回归结果

变量	以项目规模定义声誉		以资产规模定义声誉	
	Rep	***Rep***	***Rep***	***Rep***
Pay	0. 304***		0. 144**	
	(3. 99)		(2. 01)	
Relate		0. 523**		0. 706***
		(2. 12)		(2. 94)
Target_ type	-0. 068	-0. 025	0. 123	-0. 143
	(-0. 27)	(-0. 10)	(0. 48)	(-0. 58)
Payment	0. 427*	0. 368*	0. 006	-0. 095
	(1. 93)	(1. 68)	(0. 03)	(-0. 45)
Sale	0. 103*	0. 159***	0. 192***	0. 104**
	(1. 89)	(3. 10)	(3. 53)	(2. 08)
Lev	0. 349	0. 410*	0. 369	0. 513**
	(1. 48)	(1. 77)	(1. 59)	(2. 24)
First	-0. 464	-0. 563	-0. 648	-0. 612*
	(-1. 25)	(-1. 56)	(-1. 61)	(-1. 78)
Soe	-0. 059	-0. 092	-0. 372**	-0. 147
	(-0. 32)	(-0. 50)	(-2. 03)	(-0. 81)
Reverse	0. 174	0. 299	0. 288	-0. 033
	(0. 65)	(1. 15)	(1. 09)	(-0. 13)
Constant	-14. 758	-8. 783	-5. 175**	-10. 988
	(-0. 07)	(-0. 06)	(-2. 37)	(-0. 02)
Year	Yes	Yes	Yes	Yes
Industry	Yes	Yes	Yes	Yes

① 数据取自证券业协会网站。由于该网站未披露 2013 年券商经营情况，以 2014 年的资产排名替代，排名前十大的券商（按照顺序）为：中信证券、海通证券、国泰君安、广发证券、华泰证券、招商证券、银河证券、国信证券、中信建投、光大证券。

续表

变量	以项目规模定义声誉		以资产规模定义声誉	
	Rep	*Rep*	*Rep*	*Rep*
Province	Yes	Yes	Yes	Yes
Pseudo R^2	0. 184	0. 160	0. 174	0. 168
LR chi^2	92. 035	79. 921	88. 658	86. 640
N	371	371	371	371

注：括号内为 z 值，* 为 p < 0. 1，** 为 p < 0. 05，*** 为 p < 0. 01。

4.5　进一步讨论：是声誉，还是经验或关系

在重组复杂度较高或者大股东掏空嫌疑较高的情况下，上市公司更可能聘请高声誉的独立财务顾问，但是也存在着如下的可能性：声誉以市场份额来衡量，而有可能上市公司认可的并不是市场份额，而是与市场份额相关的其他独立财务顾问特征。最可能的特征有两项：一是独立财务顾问与上市公司建立的关系，二是独立财务顾问在上市公司所在行业内的经验。如果独立财务顾问以建立关系的方式维持业务量，那么公关能力较强的独立财务顾问同样很可能占据了很高的市场份额，但此时应当以关系所建立的信任感或者导致的依赖度来解释上市公司对高声誉财务顾问的聘请偏好①；如果独立财务顾问专注于某一个或者某几个行业，如精品投行，并且这些行业中并购频繁发生，那么这类独立财务顾问同样也可能占据很高的市场份额，但此时更应当以独立财务顾问的行业经验去解释上市公司对高声誉财务顾问的聘请偏好②。

本章分别构建如下两个变量来衡量独立财务顾问与上市公司的关系联结

① 关系的建立可以被视为是独立财务顾问对并购企业做出的“专用性投资”，独立财务顾问会更有动机约束机会主义行为，避免损害此关系未来能够持续创造的价值（Hayward，2003）。

② 事实上，近年来也出现不少文献关注财务顾问的行业经验，如 Chang 等（2016）、Ertugrul 和 Krishnan（2011）、Wang 等（2014）。

以及独立财务顾问在上市公司所在行业内的经验①（见表4-10）。承销商数据来源为CSMAR数据库，行业经验数据为笔者根据巨潮网公告手工整理。

表4-10 补充的变量定义

变量中文名称	变量英文名称	变量含义
承销商关系	Underwriter	如果上市公司在IPO时该独立财务顾问所在券商为承销商，该值等于1，否则为0
是否具有行业经验	Ind_ exper	如果在当期之前的5年之内，该独立财务顾问担任过上市公司同行业公司的并购重组财务顾问，该值等于1，否则为0

表4-11、表4-12是对上述推论的检验，被解释变量分别是承销商关系（Underwriter）和是否具有行业经验（Ind_ exper）。两张表的结果显示，大部分的回归之中解释变量的系数不显著，少数显著为负。如在表4-11中，Deal_ type的系数显著为负，说明在交易类型更为复杂的情况下，上市公司反而不会聘请存在关联连接的财务顾问，这可能是因为，关系连接所带来的信任感增强了上市公司对财务顾问的依赖度，反而会促使财务顾问控制与诱导上市公司去进行难以产生价值的复杂交易（Hayward，2003；Eccles and Crane，1988；Sleptsov et al.，2013），因此上市公司会有意识地避免这种可能性。在表4-12中，Pay的系数显著为负，说明重组规模越大，上市公司反而越可能聘请没有行业经验的财务顾问，这可能是上市公司在有意识地避免行业内的信息泄露问题，避免公司内部的机密通过财务顾问被泄露给同行的其他上市公司（Chang et al.，2016）。总之，表4-11、表4-12的结果说明了，在交易成本或者大股东掏空嫌疑较大，也就是更需要独立财务顾问的交易或者监督作用的情形下，上市公司并不会倾向于聘请有承销商关系或者行业经验的独立财务顾问。

① 考虑了券商之间的收购、业务托管以及券商更名事件，限于篇幅此处未列出。

表 4-11 被解释变量为承销商关系的回归结果

变量	H1 的检验			H2 的检验	
	Underwriter	*Underwriter*	*Underwriter*	*Underwriter*	*Underwriter*
Pay	-0.075				
	(-1.18)				
Deal_ type		-0.332*			
		(-1.88)			
Ifunrelate			-0.290		
			(-1.52)		
H_ rec				0.045	
				(0.31)	
Relate					-0.226
					(-1.06)
Target_ type	0.082	0.017	0.051	0.094	0.077
	(0.36)	(0.07)	(0.22)	(0.42)	(0.34)
Payment	-0.287	-0.413**	-0.354*	-0.290	-0.275
	(-1.55)	(-2.11)	(-1.87)	(-1.56)	(-1.48)
Sale	0.134***	0.111**	0.089*	0.119***	0.119***
	(2.81)	(2.43)	(1.82)	(2.62)	(2.62)
Lev	-0.227	-0.177	-0.167	-0.279	-0.221
	(-0.99)	(-0.76)	(-0.71)	(-1.20)	(-0.96)
First	-0.454	-0.368	-0.414	-0.433	-0.409
	(-1.55)	(-1.25)	(-1.41)	(-1.48)	(-1.39)
Soe	0.155	0.166	0.156	0.142	0.195
	(0.99)	(1.06)	(0.99)	(0.91)	(1.19)
Reverse	0.305	0.327	0.352	0.244	0.283
	(1.35)	(1.45)	(1.52)	(1.12)	(1.27)
Constant	-1.226	-2.191**	-1.790	-2.498**	-2.377**
	(-0.84)	(-2.13)	(-1.62)	(-2.42)	(-2.33)
Year	Yes	Yes	Yes	Yes	Yes
Industry	Yes	Yes	Yes	Yes	Yes

续表

变量	H1 的检验			H2 的检验	
	Underwriter	***Underwriter***	***Underwriter***	***Underwriter***	***Underwriter***
Province	Yes	Yes	Yes	Yes	Yes
Pseudo R^2	0.184	0.169	0.160	0.040	0.043
LR chi^2	92.035	84.533	79.660	18.468	19.482
N	371	371	371	371	371

注：括号内为 z 值，* 为 p < 0.1，** 为 p < 0.05，*** 为 p < 0.01。

表 4-12 被解释变量为行业经验的回归结果

变量	H1 的检验			H2 的检验	
	Ind_ exper	***Ind_ exper***	***Ind_ exper***	***Ind_ exper***	***Ind_ exper***
Pay	-0.164**				
	(-2.50)				
Deal_ type		0.124			
		(0.71)			
Ifunrelate			-0.060		
			(-0.32)		
H_ rec				0.140	
				(0.96)	
Relate					-0.264
					(-1.26)
Target_ type	-0.076	-0.034	-0.065	-0.047	-0.073
	(-0.33)	(-0.15)	(-0.29)	(-0.21)	(-0.32)
Payment	0.215	0.230	0.175	0.206	0.210
	(1.08)	(1.11)	(0.87)	(1.04)	(1.06)
Sale	0.097**	0.065	0.056	0.066	0.064
	(2.01)	(1.42)	(1.13)	(1.45)	(1.40)
Lev	-0.243	-0.357	-0.301	-0.369	-0.265
	(-1.08)	(-1.58)	(-1.32)	(-1.63)	(-1.18)

续表

变量	H1 的检验			H2 的检验	
	Ind_ exper	*Ind_ exper*	*Ind_ exper*	*Ind_ exper*	*Ind_ exper*
First	0. 061	0. 079	0. 119	0. 109	0. 137
	(0. 19)	(0. 25)	(0. 37)	(0. 34)	(0. 43)
Soe	−0. 229	−0. 266*	−0. 251	−0. 256	−0. 195
	(−1. 46)	(−1. 70)	(−1. 61)	(−1. 64)	(−1. 20)
Reverse	0. 339	0. 163	0. 221	0. 203	0. 247
	(1. 45)	(0. 71)	(0. 93)	(0. 90)	(1. 08)
Constant	1. 188	−1. 584	−1. 366	−1. 654	−1. 440
	(0. 79)	(−1. 51)	(−1. 21)	(−1. 57)	(−1. 38)
Year	Yes	Yes	Yes	Yes	Yes
Industry	Yes	Yes	Yes	Yes	Yes
Province	Yes	Yes	Yes	Yes	Yes
Pseudo R^2	0. 039	0. 026	0. 025	0. 027	0. 028
LR chi^2	17. 404	11. 568	11. 165	11. 989	12. 632
N	371	371	371	371	371

注：括号内为 z 值，* 为 p<0. 1，** 为 p<0. 05，*** 为 p<0. 01。

理论上，独立财务顾问的承销商关系与行业经验均可能对重大资产重组的后果产生影响，如关系的建立有助于独立财务顾问深度了解上市公司的并购战略，从而在协助搜寻标的时更具有针对性，行业经验的建立有助于独立财务顾问累积关于行业发展现状与前景的知识，从而为上市公司是否以及如何开展并购提供更准确的建议。因此，之后第 5 章、第 6 章、第 7 章在检验高声誉独立财务顾问对重组后果的影响时，在稳健性检验中均控制了承销商关系和行业经验。

4.6 本章结论

本章以 2006—2013 年 A 股非金融行业上市公司的重大资产重组事件为样本，以交易成本理论解释了上市公司对独立财务顾问交易作用的需求，以第二类代理理论解释了上市公司对独立财务顾问监督作用的需求，并分别分析了声誉机制对这两类需求的影响。实证结果显示，重组交易越复杂，或者大股东掏空嫌疑越高，上市公司越可能聘请高声誉的独立财务顾问。同时控制重组复杂度和大股东掏空嫌疑后，实证结果显示交易作用是上市公司聘请高声誉独立财务顾问的主要动机。进一步按照上市公司年龄分组后，发现上述关系只存在于年轻企业之中。

但是按照本章的分析，上市公司的聘请动机并不受声誉机制是否有效的约束：如果上市公司（或主导重组的大股东）发起重组的动机存在偏差，目的不在于上市公司的增值，而在于获取私利，那么只要高声誉独立财务顾问还是具有更强完成交易的能力、更高的帮助重组通过股东大会和证监会审核通过的能力，即使独立财务顾问与上市公司（主导重组的大股东）合谋，追求私利而不顾重组的价值，上市公司还是会在更高交易成本或者更高大股东掏空嫌疑的情况下聘请高声誉的独立财务顾问。因此，本章的结果只能说明声誉的高低会影响上市公司聘请独立财务顾问的动机，并不能体现声誉机制的有效性。

本章在文献上的意义体现在：第一，同时考虑了上市公司对独立财务顾问交易作用和监督作用的需求，而现有文献仅单独讨论高声誉投行的财务顾问业务或者公平意见业务，因此本章同时是对 Rau（2000）、Ismail（2010）、Golubov 等（2012）等关于财务顾问以及 Makhija 和 Narayanan（2007）、Kisgen 等（2009）、Chen（2010）等关于公平意见文献的补充；第二，结合第3章的思路，本章提出现实背景下声誉机制不够完善的可能性，并通过分析指出上市公司聘请动机不受声誉机制是否有效的约束，而 Servaes 和 Zenner（1996）、Wang 和 Whyte（2010）等文献没有考虑并购公司聘请投行决策不一定受到声誉机制有效性约束的可能性，因此现有文献关于聘请决策的结论并不能作为支持声誉机制有效的证据；第三，目前相关文献主要针对公司内部第一类代理问题来讨论聘请财务顾问的动机（Thomas，1995；Servaes and Zenner，1996；Wang and Whyte，2010），本章根据我国的实际情况，将相关理论应用在分析第二类代理问题对上市公司聘请独立财务顾问决策的影响之中，从而拓展了上述文献理论框架的适用性。

第5章　独立财务顾问声誉机制对完成重组的作用

5.1　提出问题

在第4章验证了独立财务顾问声誉机制会影响上市公司的聘请决策之后，第5章至第7章将参考相关文献的做法，讨论独立财务顾问声誉机制影响下的重大资产重组后果，包括完成重组、重组协同效应和重组定价三个维度（Wang et al.，2014；Golubov et al.，2012；Ismail，2010；Rau，2000；Bowers and Miller，1990），分别针对独立财务顾问对完成重组的作用，对协同效应创造的影响，以及是否会帮助上市公司支付较低的溢价从而在协同效应中争取到更多的份额分配。本章将讨论完成重组，包括重组的速度以及成功率。

Kale等（2003）讨论了财务顾问声誉对并购成功率的影响，Golubov等（2012）、Hunter和Jagtiani（2003）还讨论了财务顾问声誉对并购完成时间（首次宣告日到并购成功日之间的时间）的影响，基本上都发现财务顾问声誉与并购成功率、速度正相关。但Golubov等（2012）提出财务顾问声誉对并购速度的影响可能存在一定的不确定性，因为财务顾问为了完成并购需要深入地参与交易，对并购时间的影响可能有两个方向：其一，高声誉财务顾问具有专业知识和经验而能够协助更快地完成并购；其二，高声誉财务顾问更加重视维护声誉资本，因此会花费更多的时间去挖掘标的真实价值，更加慎重地就交易条款提供意见。因此独立财务顾问声誉机制对重组完成的影响是一个实证问题。

5.2 理论分析与研究假说

5.2.1 高声誉独立财务顾问的交易作用与重组完成

独立财务顾问的交易与监督作用最终应当反映在更高的并购价值之上，然而更直接的度量在于与重组过程直接相关的变量，即重组的成功率与重组耗费的时间（或者说速度）（Kesner et al.，1994）。一般文献均采用首次宣告日到交易成功之间的时间来衡量并购的速度（Golubov et al.，2012），然而，放在我国的制度背景下，这一时间区间事实上主要体现是独立财务顾问监督作用的影响，因为首次宣告日之后的主要流程就是股东大会和证监会审核，而股东大会审议及证监会审核的对象均是已经确定好主要条款的并购预案，无法体现出独立财务顾问在撮合交易、提供咨询意见、协调交易双方确认交易条款中的作用。本章以停牌日到首次宣告日之间的时间来衡量独立财务顾问交易作用对重组速度的影响，依据在于，根据证监会在2012年公布（后于2016年修订）的《关于加强与上市公司重大资产重组相关股票异常交易监管的暂行规定》第三条，原则上，上市公司（控股股东、实际控制人等）应当在停牌或者非交易时间筹划重大资产重组，以及2010年《国务院办公厅转发证监会等部门关于依法打击和防控资本市场内幕交易意见的通知》，上市公司重大事项的决策原则上应在停牌时间或非交易时间进行，可见交易的关键条款是在停牌的时间中被确定的，独立财务顾问撮合交易、提供咨询意见、协调交易双方确认交易条款等交易作用应当主要体现在停牌日到首次公告日之间，本章将这段时间区间称为协商耗时（如图5-1所示）。如果如第4章所述，高声誉的独立财务顾问能提供更高质量的交易作用，那么应当有助于缩短协商耗时。

需要说明的是，并没有明确的信息可以证实在停牌日当天重组进行到了什么阶段，有可能只是重组双方初步达成了交易的意向，也有可能交易合同中的关键条款已经被确定，但即使是后者，独立财务顾问的交易作用仍然会体现在双方谈判、确定完整合同、协调各方利益独立等事项中，因此在没有

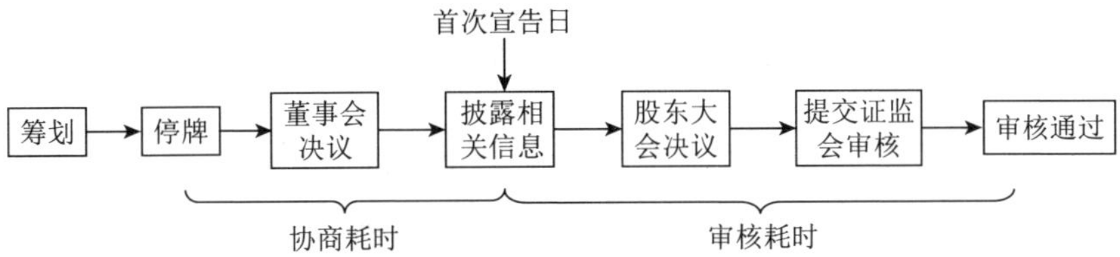

图 5-1　重大资产重组的一般流程

更合适指标的情况下，选择停牌日作为衡量交易作用的起点是合理的。

对于重组的成功率，低质量交易作用所导致的失败应当涵盖所有可能的情况，如董事会主动撤回交易、未获得证监会审核通过等。在本书的样本期间，上市公司自行终止交易是最常见的失败原因，其中的原因大多在于外部环境变化造成错过最佳的交易时间、与交易对方难以就交易条款达成共识等。这些原因与独立财务顾问撮合交易、协商谈判等交易作用相关，而高声誉的独立财务顾问具有更多参与交易的经验，应当能够降低上述重组失败的可能性。未通过证监会审核也会导致重组失败，而高声誉独立财务顾问在保障重组通过审核上也能发挥作用，这可以参考 IPO 相关的文献。一般认为，经验丰富的保荐代表人在 IPO 过会中具有重要作用，选择高声誉的保荐机构和保荐代表人有助于帮助上市公司塑造综合实力强的正面形象，为最终成功过会增加筹码（戴亦一等，2014），因此可以合理推测，高声誉的独立财务顾问也可以起到认证重大资产重组经济性、增加重大资产重组审核通过概率的作用。

与第 4 章分析的上市公司聘请动机类似，独立财务顾问交易作用对重组完成的影响也不受声誉机制是否有效的约束，因为无论独立财务顾问的动机在于自身的利益还是为并购公司创造价值，成功、快速地完成交易都符合其动机。独立财务顾问需要成功的交易来获取佣金，上市公司需要成功的交易来实现并购的目标，独立财务顾问与上市公司一致都会追求重组的顺利完成，双方的利益是一致的。据此提出假说：

H1：其他条件不变，聘请的独立财务顾问声誉越高，重大资产重组的协商耗时越短、重组失败率越低。

5.2.2 高声誉独立财务顾问的监督作用与重组完成

独立财务顾问的监督作用同样会影响重组的速度和成功率，其中速度主要体现在缩短首次宣告日到审核通过之间的时间（图 5-1 中的“审核耗时”），此时间区间主要包含股东大会审核以及证监会审核所耗费的时间，成功率主要体现在增加过会率①。如果高声誉的独立财务顾问能够向包括股东大会、证监会在内的监管方传递关于交易公正性的信号，那么此项认证效应应当有助于交易更快地通过各项审核。

为验证上述推论，首先要明确监管方最重视交易的哪些特征。虽然这类内部信息并不一定全部对外公布，但通过新闻等各种渠道搜集的间接信息仍然能提供一定的依据。对于中小股东，本书搜集的信息来自关于股东大会的新闻报道，如上文提及的，在长城电脑（000066）和粤高速（000429）的股东大会上，中小股东由于担心自身利益受损而否决并购预案；对于证监会，本书搜集的信息来自历年来重大资产重组未通过审核或者需要上市公司、独立财务顾问回应的事项，这些事项集中在标的营利性、标的资产的完整性、关联方交易与资金占用的合理性、盈利预测的合理性等问题中。因此，不论是中小股东还是证监会，关注的重点都可以归纳为交易的公正性：支付的对价是否过高或者高价购买亏损标的从而有向交易对方转移利润的嫌疑，选择标的标准在于潜在的协同效应还是大股东的意愿，交易过程的安排是出于真实目的还是方便内部人之间的利益分配，为了美化交易或者掩盖非经济性的并购目的是否会虚高预期盈利等。因此，由于高声誉的独立财务顾问具有更高独立性的形象，聘请高声誉的独立财务顾问一方面能够通过认证效应降低中小股东的不信任度，降低股东大会否决预案的可能性，或者避免股东大会之后需要调整交易方案所耗费的时间；另一方面也能增加通过证监会审核的概率，缩短因证监会要求回答质询或者修改方案花费的时间。对于后者，虽然还没有文献研究独立财务顾问对证监会审核的影响，但参考投行的相关文

① 本书样本中的重大资产重组没有出现被股东大会否决的情况。

献，经验丰富的保荐代表人在 IPO 过会中具有重要作用，因此可以合理推测，高声誉的独立财务顾问也可能起到认证交易公正性的作用，从而增加重大资产重组审核通过的概率。具体来说，高声誉独立财务顾问通过过去的项目已经积累了丰富的行业经验和人脉资源，有能力为上市公司选择更为合适的标的①，也可以协助上市公司履行好其他责任②，增加过会率。

与第 4 章分析的上市公司聘请动机类似，独立财务顾问监督作用对重组完成的影响也不受声誉机制是否有效的约束，因为不论独立财务顾问是事实上监督了交易的公正性还是为出于完结重组的目的为不公正的重组也出具了公正的评价意见，只要高声誉独立财务顾问独立性的“形象”存在，或者具有更高的“美化包装”重组议案的能力，其监督作用都有为重组“保驾护航”的作用。综上提出假说：

H2：其他条件不变，聘请的独立财务顾问声誉越高，重大资产重组的审核耗时越短、审核失败率越低。

5.3　研究设计

5.3.1　样本与模型

与第 4 章相同，本章样本为 2006—2013 年国内 A 股市场上非金融行业发生的重大资产重组事件。独立财务顾问声誉指标来自 Mergermarket 数据库，聘请的独立财务顾问名称、重组类型、标的所在行业、是否为借壳上市、支付对价、标的规模、停牌与过会时间等与重组相关的数据为笔者根据巨潮网公告手工整理，其他数据均来自 CSMAR 数据库。

---

① 以 2015 年被证监会否决的上市公司并购重组事项为例，高价收购亏损资产是大多数被否决的原因，因为根据《上市公司重大资产重组管理办法》第四十三条第一款第一项规定：上市公司发行股份购买资产要充分说明并披露本次交易有利于提高上市公司资产质量、改善财务状况和增强持续盈利能力，有利于上市公司减少关联交易、避免同业竞争、增强独立性。

② 以 2015 年被证监会否决的上市公司并购重组事项为例，另一个重要原因在于信息披露的不完善，如北京利德曼生化股份有限公司发行股份购买资产方案被否原因在于申请文件中未准确、完整披露标的公司在生产、采购、技术、品牌、产品定价等方面对其德方股东的依赖。

如下 Probit/OLS 模型（5-1）用于检验 H1、H2。

$$Completion = \beta_0 + \beta_1 Rep + ControlVariables + \varepsilon \quad (5-1)$$

其中，Rep 表示独立财务顾问的声誉，高声誉则 Rep 为 1，否则等于 0。Completion 表示重组完成的时间和成功率，在检验 H1 时，指协商耗时和重组失败率，在检验 H2 时，指审核耗时和审核失败率。

5.3.2 变量定义

与第 4 章一致，本章参考 Golubov 等（2012）、Ismail（2010）、Hunter 和 Jagtiani（2003）等文献，以 1998—2013 年为所有中国企业为并购方的并购重组事件担任财务顾问的项目数目排名，如果上市公司聘请的券商属于前十大，即中金公司、中信证券、华泰联合证券、西南证券、海通证券、广发证券、国泰君安、招商证券、中信建投、中银国际，代表独立财务顾问声誉的变量 Rep 为 1，否则为 0。稳健性检验将替换为以担任财务顾问项目的规模、独立财务顾问所在券商的资产规模排名。

变量定义如表 5-1 所示。

表 5-1 变量定义说明

变量类型	变量名称	变量符号	变量定义与说明
被解释变量	重组失败率	*Failure_ deal*	如果重大资产重组交易失败，该值为 1，否则为 0
	协商时间	*Negotiate_ time*	停牌日到首次宣告日之间的天数，取对数
	审核失败率	*Failure_ CSRC*	如果重大资产重组没有通过证监会的审核，从而导致交易失败，该值为 1，否则为 0
解释变量	独立财务顾问声誉	*Rep*	如果上市公司聘请的独立财务顾问属于高声誉（即上文所列十个券商之一），该值为 1，否则为 0
控制变量	交易类型	*Deal_ type*	根据并购公告，如果重大资产重组不仅仅涉及以现金或者股份购买资产或者股份，还涉及募集配套资金、资产剥离、资产置换、吸收合并等形式，该值为 1，否则为 0
	行业相关性	*Ifunrelate*	如果标的所在行业与上市公司所在行业不相关，即该并购为非产业并购，该值为 1，否则为 0（Song et al.，2013；Walter et al.，2008）

续表

变量类型	变量名称	变量符号	变量定义与说明
控制变量	股份支付	*Payment*	如果支付方式中包含股份支付，该值为 1，否则为 0（Walter et al.，2008）
	营业收入	*Sale*	上一期营业收入的自然对数（张洽、袁天荣，2013）
	资产负债率	*Lev*	上一期资产负债率（陈泽艺等，2017；Golubov et al.，2012）
	两权分离度	*Dev*	上一期两权分离度（于江等，2014），参考唐跃军等（2012），两权分离度=控制权/现金流权
	股权集中度	*Share*	上一期第一大股东持股比例（陈泽艺等，2017）
	重大资产重组的经验	*First*	如果是样本期间上市公司第一次的重大资产重组，该值为 1，否则为 0
	产权性质	*Soe*	如果上一期公司实际控制人是国有性质，该值为 1，否则为 0（陈泽艺等，2017）
	借壳	*Reverse*	根据并购公告，如果重大资产重组的实质是借壳上市，该值为 1，否则为 0
	高声誉审计机构	*Bigfour*	如果对标的尽职调查的审计机构属于四大，该值为 1，否则为 0
	资产增长率	*Growth*	总资产的增长率（杨道广等，2014）
	管理层持股	*MBO*	如果管理层有持股，该值为 1，否则为 0（陈泽艺等，2017；张洽、袁天荣，2013）
	关联重组	*Relate*	如果重大资产重组属于关联并购，该值为 1，否则为 0（陈泽艺等，2017）
	董事会规模	*Board_ size*	董事会人数，取自然对数（张洽、袁天荣，2013）
	并购经验	*Exper*	从 CSMAR 数据库并购数据库有记录的 1998 年开始，上市公司发生过的并购个数（把同一宣告日下的并购合并）
	特殊处理	*St*	如果上市公司被特殊处理，该值为 1，否则为 0
	创业板	*GEM*	如果上市公司属于创业板，该值为 1，否则为 0
	标的账面价值	*Bookvalue*	标的账面价值的自然对数
	重组规模	*Pay*	支付对价的自然对数（陈泽艺等，2017；Song et al.，2013；Walter et al.，2008）

续表

变量类型	变量名称	变量符号	变量定义与说明
控制变量	相对规模	*Relative*	标的账面价值与上市公司上一期总资产的比值（Song et al.，2013；Golubov et al.，2012）
	年度	*Year*	观测值处于该年度则取1，否则为0
	行业	*Industry*	观测值处于该行业则取1，否则为0。制造业采用三位代码，其余行业采用一位代码
	地区	*Province*	观测值的注册地属于该省份则取1，否则为0

5.4 实证结果分析与讨论

5.4.1 描述性统计结果

表5-2是本章变量的描述性统计。有超过15%的重大资产重组以失败告终，有超过3%的重大资产重组没有获得证监会审核通过，其余12%大多在于董事会以错过最佳交易时机或者交易双方没有就条款达成共识为由主动撤回交易。只在5%的样本中上市公司聘请了四大审计机构为标的做尽职调查。St的均值为0.237，意味着大部分重大资产重组的目的可能不在于保壳或者恢复上市。

表5-2 描述性统计

变量	个数	均值	标准差	中位数	最小值	最大值
Rep	371	0.485	0.500	0	0	1
Failure_ deal	371	0.156	0.364	0	0	1
Negotiate_ time	309	4.291	0.990	4.174	2.079	6.896
Failure_ CSRC	371	0.035	0.184	0	0	1
Approve_ time	310	5.436	0.670	5.468	3.932	7.096
Exper	371	3.916	2.444	3	0	13
Deal_ type	371	0.307	0.462	0	0	1
Ifunrelate	371	0.318	0.466	0	0	1
Payment	371	0.836	0.371	1	0	1

续表

变量	个数	均值	标准差	中位数	最小值	最大值
Sale	371	20.410	1.703	20.371	16.364	24.796
Lev	371	0.560	0.344	0.522	0.048	1.677①
Dev	371	1.425	0.886	1	1	6.176
Share	371	35.276	14.597	33.565	8.927	75.194
First	371	0.943	0.231	1	0	1
Soe	371	0.566	0.496	1	0	1
Reverse	371	0.116	0.321	0	0	1
Bigfour	371	0.051	0.221	0	0	1
GEM	371	0.081	0.273	0	0	1
MBO	371	0.943	0.231	1	0	1
Relate	371	0.849	0.358	1	0	1
Board_ size	364	2.167	0.191	2.197	1.609	2.773
St	371	0.237	0.426	0	0	1
Bookvalue	371	20.178	1.301	20.195	17.075	23.610
Pay	371	21.067	1.186	21.192	17.701	24.095
Relative	371	2.750	13.859	0.353	0.012	141.328
Growth	358	0.151	0.459	0.059	-0.449	2.329
Dual	356	0.219	0.414	0	0	1

表 5-3 是样本主要变量的 Pearson/Spearman 相关系数表，包括被解释变量（重组完成时间和成功率）、解释变量（独立财务顾问声誉），以及第 4 章讨论的用于衡量交易成本的重组复杂度、用于衡量第二类代理成本的大股东掏空嫌疑。可以看出，除了两类衡量重组失败的指标之间，大部分变量之间的相关系数不超过 0.3，说明变量之间的多重共线性较小。独立财务顾问声誉和衡量完成重组的四个变量之间均负相关（但在控制其他因素之前，只与重组失败率显著负相关），这是高声誉独立财务顾问有助于重组顺利、快速完成的初步证据。

① 考虑上市公司发起重大资产重组的重要原因之一是经营出现重大问题、资不抵债，本书并不剔除资产负债率异常的样本。

表 5-3　主要变量的 Pearson/Spearman 相关系数

变量	*Failure_deal*	*Negotiate_time*	*Failure_CSRC*	*Approve_time*	*Rep*	*Relate*	*H_rec*	*Ifunrelate*	*Pay*	*Deal_type*
Failure_deal	1	-0. 032	0. 698 ***	0. 120 **	-0. 065	-0. 096	-0. 034	0. 010	-0. 017	-0. 050
Negotiate_time	-0. 054	1	-0. 087	-0. 110 *	0. 012	0. 025	0. 128 **	0. 123 **	0. 101 *	0. 120 **
Failure_CSRC	0. 443 ***	-0. 076	1	0. 114 *	-0. 068	-0. 001	0. 022	0. 059	0. 002	-0. 010
Approve_time	0. 117 **	-0. 141 **	0. 106 *	1	0. 006	0. 136 **	0. 015	0. 103 *	0. 068	0. 228 ***
Rep	-0. 091 *	-0. 002	-0. 038	-0. 029	1	0. 154 **	0. 040	-0. 014	0. 216 ***	0. 041
Relate	-0. 088 *	0. 049	0. 039	0. 120 **	0. 093 *	1	0. 053	0. 127 **	0. 374 ***	0. 162 ***
H_rec	-0. 029	0. 107 **	0. 031	0. 044	0. 064	0. 074	1	0. 161 ***	-0. 011	0. 192 ***
Ifunrelate	0. 041	0. 095 *	0. 027	0. 048	-0. 003	0. 142 ***	0. 198 ***	1	0. 097	0. 576 ***
Pay	-0. 057	0. 170 ***	0. 011	0. 030	0. 258 ***	0. 334 ***	-0. 032	0. 085	1	0. 160 ***
Deal_type	-0. 126 **	0. 079	-0. 032	0. 192 ***	0. 113 **	0. 183 ***	0. 201 ***	0. 561 ***	0. 168 ***	1

注:左下部分为 Pearson 检验结果,右上部分为 Spearman 检验结果; * 、** 、*** 分别表示在 10%、5%、1%的显著性水平下显著(双尾检验)。

表 5-4 是根据独立财务顾问声誉分组后对被解释变量的均值和中位数检验。不论以中位数还是均值衡量，在高声誉组，重组失败率和审核失败率更低，协商耗时与审核耗时也越短（除了审核耗时的中位数）。但是在控制其他控制变量之前，分组之间显著的差异性只体现在重组失败率上。

表 5-4　均值检验和中位数检验

变量	均值	中位数	均值	中位数	T 统计量（p 值）	Wilcoxon Z 统计量（p 值）
	低声誉组		高声誉组			
Failure_ deal	0. 188	0	0. 122	0	1. 759（0. 079）	1. 754（0. 079）
Negotiate_ time	4. 293	4. 220	4. 288	4. 159	0. 045（0. 964）	0. 102（0. 919）
Failure_ CSRC	0. 042	0	0. 028	0	0. 737（0. 462）	0. 738（0. 461）
Approve_ time	5. 455	5. 466	5. 417	5. 470	0. 501（0. 617）	0. 217（0. 829）

5. 4. 2　多元回归结果

表 5-5 是 H1 的回归结果。被解释变量分别为协商耗时（Negotiate_ time）和重组失败率（Failure_ deal），解释变量 Rep 的系数均显著为负，说明高声誉的独立财务顾问具有缩短协商时间、减少重组失败率的作用，H1 得证。在控制变量中，关联重组（Relate）与重组失败率显著负相关，因为关联方之间更可能就交易条款达成一致的意见，审计师声誉（Bigfour）与协商耗时显著负相关，可能因为高声誉的审计机构有更高的工作效率，管理层持股（MBO）和董事会规模（Board_ size）与协商耗时显著负相关，可能因为这两个变量越高代表公司治理水平越高，决策效率也就越高。

表 5-5　H1 的回归结果

变量	*Failure_ deal*	*Negotiate_ time*
Rep	−0. 327*	−0. 284**
	(−1. 73)	(−2. 44)
Relate	−0. 591**	0. 257
	(−2. 17)	(1. 44)

续表

变量	*Failure_ deal*	*Negotiate_ time*
Dev	-0.072	-0.079
	(-0.61)	(-1.22)
Soe	0.032	-0.053
	(0.15)	(-0.40)
Reverse	0.268	-0.039
	(0.82)	(-0.20)
Bigfour	0.438	-0.457*
	(1.10)	(-1.74)
Payment	0.265	
	(1.04)	
Share	-0.012*	
	(-1.79)	
Growth		-0.233*
		(-1.77)
MBO		-0.523**
		(-2.01)
Deal_ type		0.191
		(1.50)
Dual		0.107
		(0.75)
Board_ size		-0.726**
		(-2.39)
Pay		0.163***
		(3.01)
Constant	-4.578	1.886
	(-0.03)	(1.17)
Year	Yes	Yes
Industry	Yes	Yes
Province	Yes	Yes

续表

变量	*Failure_ deal*	*Negotiate_ time*
Pseudo R^2	0. 198	
LR chi^2	63. 755	
Adj. R^2		0. 194
F		3. 009
N	371	309

注：括号内为 t 值或 z 值，* 为 p < 0. 1，** 为 p < 0. 05，*** 为 p < 0. 01。

按照第 4 章的分析，独立财务顾问的交易作用主要体现为降低交易成本，因此，在重组复杂度越高的情况下，高声誉独立财务顾问对缩短协商时间、减少重组失败率的作用应当越显著。本章选取第 4 章的变量 *Ifunrelate*（非相关重组）为分组变量，分组后再检验 H1。结果如表 5-6 所示，独立财务顾问声誉与协商耗时、重组失败率之间的负相关关系均只表现在双方行业相关性较小，也就是重组复杂度较大的情况下，这就说明降低交易成本是 H1 背后的机理。

表 5-6　按重组复杂度分组后 H1 的回归结果

变量	*Ifunrelate*=1 组	*Ifunrelate*=0 组	*Ifunrelate*=1 组	*Ifunrelate*=0 组
	Failure_ deal	*Failure_ deal*	*Negotiate_ time*	*Negotiate_ time*
Rep	-0. 611**	-0. 140	-0. 469*	-0. 145
	(-1. 98)	(-0. 69)	(-1. 74)	(-1. 12)
Relate	0. 267	-0. 605**	0. 153	0. 191
	(0. 45)	(-2. 21)	(0. 29)	(1. 01)
Dev	-0. 009	-0. 088	-0. 243	-0. 012
	(-0. 07)	(-0. 62)	(-1. 58)	(-0. 16)
Soe	-0. 216	0. 283	-0. 045	0. 048
	(-0. 67)	(1. 16)	(-0. 15)	(0. 31)
Share	-0. 011	-0. 011		
	(-0. 84)	(-1. 42)		
Payment	0. 339	-0. 100		
	(0. 96)	(-0. 33)		

续表

变量	*Ifunrelate*=1 组	*Ifunrelate*=0 组	*Ifunrelate*=1 组	*Ifunrelate*=0 组
	Failure_ deal	***Failure_ deal***	***Negotiate_ time***	***Negotiate_ time***
Reverse	−0. 010		0. 108	0. 166
	(−0. 03)		(0. 31)	(0. 47)
Bigfour	0. 478	1. 462	−0. 443*	
		(1. 30)	(0. 91)	(−1. 70)
Growth		−0. 937**	0. 080	
			(−2. 65)	(0. 56)
MBO		−0. 378	−0. 522*	
			(−0. 71)	(−1. 70)
Deal_ type		−0. 514*	0. 447**	
		(−1. 77)	(2. 49)	
Dual			−0. 266	0. 203
			(−0. 83)	(1. 21)
Board_ size		−0. 850	−0. 878**	
			(−1. 04)	(−2. 54)
Pay			0. 227*	0. 117*
			(1. 68)	(1. 91)
Constant	−0. 744	−0. 122	4. 763	3. 934**
	(−0. 97)	(−0. 26)	(1. 25)	(2. 31)
Year	Yes	Yes	Yes	Yes
Industry	Yes	Yes	Yes	Yes
Province	Yes	Yes	Yes	Yes
Pseudo R^2	0. 072	0. 046		
LR chi^2	7. 936	9. 687		
Adj. R^2			0. 236	0. 200
F			1. 844	2. 504
N	118	253	91	218

注：括号内为 t 值或 z 值，* 为 $p < 0.1$，** 为 $p < 0.05$，*** 为 $p < 0.01$。少数控制变量由于多重共线性被删去。

表 5-7 是 H2 的回归结果。被解释变量分别为审核耗时（Approve_ time）和审核失败率（Failure_ CSRS），解释变量 Rep 的系数均显著为负，说明高声誉的独立财务顾问具有缩短审核时间、减少审核失败率的作用，H2 得证。控制变量的结果也符合逻辑，借壳上市（Reverse）更可能被证监会否决，股票支付（Payment）由于更加复杂，也更可能被证监会否决，重组越复杂（Deal_ type=1），审核耗时越长。

表 5-7　H2 的回归结果

变量	*Failure_ CSRC*	*Approve_ time*
Rep	-2.146**	-0.151**
	(-2.07)	(-1.98)
Soe	0.591	-0.017
	(0.85)	(-0.19)
Reverse	4.061*	-0.160
	(1.83)	(-1.26)
Deal_ type	0.969	0.184**
	(0.97)	(2.21)
Relative	-0.334	-0.006**
	(-0.93)	(-2.43)
Dev	-1.371*	-0.082*
	(-1.67)	(-1.75)
Bigfour	2.859	-0.018
	(1.61)	(-0.11)
Bookvalue	0.739	
	(1.30)	
Bookvalue	*Share*	-0.040
	(-1.25)	
Payment	2.764*	
	(1.68)	
Relate		-0.011
		(-0.09)

续表

变量	*Failure_ CSRC*	*Approve_ time*
GEM		-0.588***
		(-3.63)
MBO		-0.201
		(-1.12)
St		-0.203**
		(-2.04)
Constant	-46.119	6.654***
	(-0.05)	(5.83)
Year	Yes	Yes
Industry	Yes	Yes
Province	Yes	Yes
Pseudo R^2	0.678	
LR chi^2	76.421	
Adj. R^2		0.255
F		2.606
N	371	310

注：括号内为 t 值或 z 值，* 为 p < 0.1，** 为 p < 0.05，*** 为 p < 0.01。

按照上文的分析，股东大会、证监会在审核时关注重组的公正性，按照第 4 章的分析，在大股东掏空嫌疑越高的情况下，高声誉独立财务顾问具有更强传递重组公正性信号的作用，因此应当对缩短审核耗时、减少审核失败率具有更显著的作用。本章选取第 4 章的变量 *H_ rec*（大股东占款）为分组变量，分组后再检验 H2。然而表 5-8 的结果显示，分组之后，解释变量 *Rep* 的系数只在第三列（因变量为 *Failure_ CSRC*，*H_ rec*=0 组）显著，在其余列中均不显著，说明反而在大股东掏空嫌疑较低的情况下，聘请高声誉的独立财务顾问才有助于重大资产重组通过证监会的审核，说明高声誉独立财务顾问传递交易公正性信号的作用并没有体现在影响重组的完成之中，上述推论没有得到验证。

表 5-8　按大股东掏空嫌疑分组后 H2 的回归结果

变量	H_ rec=1 组	H_ rec=0 组	H_ rec=1 组	H_ rec=0 组
	Failure_ CSRC	Failure_ CSRC	Approve_ time	Approve_ time
Rep	-0.138	-1.034*	-0.070	-0.113
	(-0.33)	(-1.65)	(-0.65)	(-0.85)
Soe	0.104	0.470	-0.026	-0.012
	(0.26)	(0.74)	(-0.20)	(-0.08)
Reverse	0.666		0.149	-0.645***
	(1.08)		(0.79)	(-2.95)
Deal_ type	-0.830	1.015*	0.312***	0.293**
	(-1.45)	(1.69)	(2.67)	(2.04)
Relative	-0.136	-0.008	-0.005	0.001
	(-0.70)	(-0.16)	(-1.60)	(0.14)
Dev	0.026	-2.503	-0.083	-0.047
	(0.12)	(-0.87)	(-1.10)	(-0.61)
Bigfour	1.298**	1.244*	0.542**	-0.243
	(1.97)	(1.65)	(2.04)	(-1.07)
Relate			-0.009	-0.055
			(-0.05)	(-0.29)
GEM			-0.253	-0.982***
			(-0.95)	(-4.07)
MBO			-0.334	-0.345
			(-1.34)	(-0.97)
St			-0.278**	-0.142
			(-1.99)	(-0.74)
Bookvalue	0.093	-0.036		
	(0.47)	(-0.17)		
Share	-0.014	-0.004		
	(-0.95)	(-0.22)		
Payment	0.135			
	(0.24)			

续表

变量	H_ rec=1 组	H_ rec=0 组	H_ rec=1 组	H_ rec=0 组
	Failure_ CSRC	Failure_ CSRC	Approve_ time	Approve_ time
Constant	-3. 149	1. 306	7. 854 ***	6. 998 ***
	(-0. 83)	(0. 27)	(6. 52)	(6. 18)
Year	Yes	Yes	Yes	Yes
Industry	Yes	Yes	Yes	Yes
Province	Yes	Yes	Yes	Yes
Pseudo R^2	0. 159	0. 227		
LR chi^2	10. 635	10. 292		
Adj. R^2			0. 337	0. 290
F			2. 245	1. 999
N	198	173	160	150

注：括号内为 t 值或 z 值，* 为 $p < 0.1$，** 为 $p < 0.05$，*** 为 $p < 0.01$。少数控制变量由于多重共线性被删去。

本章进一步选取 *Ifunrelate*（非相关重组）为分组变量，分组后再检验 H2，结果如表 5-9 所示，高声誉独立财务顾问对缩短审核耗时、减少审核失败率的作用只表现在重组复杂度较大的情况下，这说明，缩短审核耗时、减少审核失败率同样主要源于高声誉独立财务顾问降低交易成本的作用。虽然 H2 得证，但应当以交易作用解释其中的机理。这并非意味着股东大会和证监会在审核重组时关注交易的经济性而忽视公正性，而可能是中小股东、证监会了解上市公司（或者主导重组的大股东）与独立财务顾问之间可能存在着“合谋”关系，因此并不认可高声誉独立财务顾问具有更高独立性的实质。

表 5-9　按重组复杂度分组后 H2 的回归结果

变量	Ifunrelate=1 组	Ifunrelate=0 组	Ifunrelate=1 组	Ifunrelate=0 组
	Failure_ CSRC	Failure_ CSRC	Approve_ time	Approve_ time
Rep	-1. 280 *	-0. 202	-0. 634 ***	-0. 073
	(-1. 84)	(-0. 56)	(-2. 76)	(-0. 82)

续表

变量	*Ifunrelate*=1 组	*Ifunrelate*=0 组	*Ifunrelate*=1 组	*Ifunrelate*=0 组
	Failure_ CSRC	*Failure_ CSRC*	*Approve_ time*	*Approve_ time*
Soe	-0.508	0.195	0.089	-0.050
	(-0.78)	(0.48)	(0.44)	(-0.46)
Reverse	0.283		-0.413*	-0.131
	(0.34)		(-1.74)	(-0.55)
Deal_ type	0.283		0.410*	0.107
	(0.41)		(2.01)	(0.86)
Relative	-0.146	-0.040	-0.008*	0.057
	(-0.54)	(-0.22)	(-1.88)	(1.27)
Dev	-3.260	0.020	-0.255*	-0.070
	(-1.01)	(0.10)	(-1.82)	(-1.24)
Bigfour		0.991**	-0.773	0.041
		(2.16)	(-0.69)	(0.25)
Relate			0.456	-0.144
			(1.35)	(-1.08)
GEM			0.000	-0.673***
			(.)	(-4.01)
MBO			-0.237	-0.312
			(-0.54)	(-1.35)
St			-0.172	-0.047
			(-0.91)	(-0.29)
Bookvalue	0.051	0.097		
	(0.12)	(0.59)		
Share	-0.006	-0.007		
	(-0.22)	(-0.53)		
Payment		0.004		
		(0.01)		
Constant	1.989	-3.769	8.859***	5.725***
	(0.23)	(-1.22)	(6.53)	(6.21)

续表

变量	*Ifunrelate* = 1 组	*Ifunrelate* = 0 组	*Ifunrelate* = 1 组	*Ifunrelate* = 0 组
	Failure_ CSRC	*Failure_ CSRC*	*Approve_ time*	*Approve_ time*
Year	Yes	Yes	Yes	Yes
Industry	Yes	Yes	Yes	Yes
Province	Yes	Yes	Yes	Yes
Pseudo R^2	0.253	0.106		
LR chi^2	9.610	7.546		
Adj. R^2			0.387	0.234
F			2.099	2.007
N	118	253	95	215

注：括号内为 t 值或 z 值，* 为 $p < 0.1$，** 为 $p < 0.05$，*** 为 $p < 0.01$。少数控制变量由于多重共线性被删去。

根据第 3 章的分析，声誉机制发挥功能的第二个前提条件在于，损害声誉的行为会被识别、并使得独立财务顾问受到市场份额受损的惩罚，但是本章的结果意味着，即使声誉机制在监督作用中无效，并没有证据支持重组的效率和成功率会受到影响，由于重组完成与否会对独立财务顾问的声誉产生直接影响，也就是说，有效的监督作用可能并不是维护声誉资本所必需的，在监督作用中声誉机制发挥功能的前提条件并没有被满足，因此，声誉机制在独立财务顾问的监督作用中很可能是无效的。但由于重组完成不受声誉机制是否有效的约束，本章的结果还不足以直接验证声誉机制在监督作用中的有效性，第 6 章、第 7 章将就声誉机制的有效性提供进一步的证据。

5.4.3 稳健性检验

（1）自选择问题。上文中的分析建立在独立财务顾问的选择是外生的前提上，但可能存在样本选择并非随机的问题，如高声誉的独立财务顾问一般收费较高，因此规模较大或者收益较好的企业才能承受。独立财务顾问也会选择上市公司，如 Chemmanur 和 Fulghieri（1994）发现出于维护声誉资本的需求，声誉良好的投行较少地承接高风险的发行。本章首先采用 Heckman 二阶段回归控制此问题。Li 和 Prabhala（2007）的建议是找到一个变量，影响第一阶段模型，但是不影响第二阶段模型①。参考 Golubov 等（2012），本章设置指标 *Rep_ before*，如果该上市公司在之前的资产重组、关联交易、股权激励等需要聘请财务顾问的情况下或者 IPO 时聘请过上文中的十大高声誉券商②，该变量为 1，否则为 0。表 5-10 中，第 2 列是一阶段模型的回归结果，控制变量中不包含与交易有关的变量，因为交易特征可能受到独立财务顾问作用的影响，*Rep_ before* 的系数显著为正，可见之前聘请过高声誉券商的上市公司更有可能在重大资产重组中聘请高声誉券商为独立财务顾问；第三至第六列是二阶段模型的回归结果，控制了 Inverse Mills ratio 之后，*Rep* 系数的符号与前文一致，且保持显著，本章结论不变。

表 5-10　Heckman 二阶段回归结果

变量	一阶段模型	二阶段模型			
	Rep	*Failure_ deal*	*Negotiate_ time*	*Failure_ CSRC*	*Approve_ time*
Rep		-1.097**	-0.330**	-6.542*	-0.248***
		(-2.57)	(-2.39)	(-1.78)	(-2.98)
Rep_ before	0.413**				
	(2.47)				
Soe	-0.423**	0.116	-0.064	-16.510*	-0.080
	(-2.29)	(0.52)	(-0.48)	(-1.78)	(-0.90)
Reverse		0.544	-0.024	33.898*	-0.070
		(1.53)	(-0.12)	(1.83)	(-0.53)
Bigfour		2.363**	-0.354	8.908**	-0.018
		(2.33)	(-1.14)	(1.96)	(-0.11)

① 和 2SLS 不同，外生变量在 Heckman 二阶段回归的一阶段模型中并不是必须的，但 Li 和 Prabhala（2007）认为这样的做法可以使结果更加稳健。

② 本章未以“之前是否聘请过同一家券商”作为工具变量，是因为之前独立财务顾问和上市公司建立的关系会增加该券商的信息优势（Golubov et al.，2012），影响市场反应及会计业绩，不符合对工具变量“只影响一阶段模型，不影响二阶段模型”的要求。

续表

变量	一阶段模型			二阶段模型	
	Rep	*Failure_ deal*	*Negotiate_ time*	*Failure_ CSRC*	*Approve_ time*
Dual			0. 106		
			(0. 74)		
St					−0. 084
					(−0. 81)
Relative				−3. 478 *	−0. 001
				(−1. 75)	(−0. 42)
Pay			0. 163 ***		
			(3. 02)		
Bookvalue				19. 259 *	
				(1. 86)	
Deal_ type			0. 171	−40. 183 *	0. 210 **
			(1. 31)	(−1. 80)	(2. 50)
Sale	0. 130 **				
	(2. 55)				
Lev	0. 438 *				
	(1. 86)				
Share		−0. 036 ***		−0. 730 *	
		(−2. 63)		(−1. 91)	
Dev	−0. 534 ***	−0. 541 **	−0. 106	−1. 086	−0. 013
	(−4. 52)	(−2. 06)	(−1. 35)	(−0. 85)	(−0. 24)
Payment		1. 366 **		9. 129	
		(2. 24)		(1. 61)	
Relate		−1. 510 ***	0. 207		0. 018
		(−2. 85)	(1. 06)		(0. 15)
Growth			−0. 245 *		
			(−1. 84)		
GEM					−0. 029
					(−0. 12)

续表

变量	一阶段模型			二阶段模型	
	Rep	*Failure_ deal*	*Negotiate_ time*	*Failure_ CSRC*	*Approve_ time*
MBO			-0.524**		0.025
			(-2.01)		(0.13)
Board_ size			-0.743**		
			(-2.44)		
Exper	0.460*				
	(1.93)				
First	-0.672*				
	(-1.75)				
Inverse Mills ratio		-12.977**	-0.854	-364.724*	0.784***
		(-2.05)	(-0.62)	(-1.82)	(3.10)
Constant	-5.722	-2.014	2.106	-325.495	4.123**
	(-0.03)	(-0.01)	(1.27)	(-0.33)	(2.43)
Year	Yes	Yes	Yes	Yes	Yes
Industry	Yes	Yes	Yes	Yes	Yes
Province	Yes	Yes	Yes	Yes	Yes
Pseudo R^2	0.200	0.212		0.760	
LR chi^2	102.581	68.267		85.651	
Adj. R^2			0.193		0.255
F			2.933		2.606
N	371	371	309	371	310

注：括号内为 t 值或 z 值，* 为 $p<0.1$，** 为 $p<0.05$，*** 为 $p<0.01$。

考虑 Heckman 二阶段回归的有效性越来越受到质疑，如 Lawrence 等（2011）提出，Heckman 二阶段回归会产生结果不稳定的问题，因此，本章还采用 PSM 方法（倾向得分匹配法，Propensity Score Matching）以控制自选择问题。根据第 4 章发现的影响上市公司聘请高声誉独立财务顾问的各个变量，估计每个上市公司聘请高声誉独立财务顾问的概率，采用一对一的最邻近匹配法进行样本匹配，以匹配后的样本重新检验 H1 和 H2，结果列示于表5-11，独立财务顾问声誉仍然与重组失败率和审核失败率、协商时间和审核时间显著负相关，本章结论不变。

表 5-11 PSM 配对样本的回归结果

变量	*Failure_ deal*	*Negotiate_ time*	*Failure_ CSRC*	*Approve_ time*
Rep	-0. 618*	-0. 330*	-1. 115*	-0. 227*
	(-1. 87)	(-1. 71)	(-1. 74)	(-1. 74)
Deal_ type		0. 470**		0. 236
		(2. 22)		(1. 66)
Payment	0. 710			
	(1. 35)			
Share	-0. 026**		0. 014	
	(-2. 35)		(0. 69)	
Dev	-0. 028	0. 004	-0. 046	0. 036
	(-0. 15)	(0. 03)	(-0. 09)	(0. 49)
Soe	-0. 121	-0. 062	0. 815	-0. 099
	(-0. 34)	(-0. 29)	(1. 17)	(-0. 68)
Reverse		-0. 074		-0. 695***
		(-0. 20)		(-3. 28)
Relate	-0. 745	0. 074		-0. 003
	(-1. 59)	(0. 23)		(-0. 01)
St				-0. 108
				(-0. 67)
Relative			-0. 157	-0. 011**
			(-0. 44)	(-2. 04)
GEM				-0. 736***
				(-2. 94)
Bigfour		-0. 524		0. 473
		(-0. 93)		(1. 58)
Growth		-0. 116		
		(-0. 53)		

续表

变量	*Failure_ deal*	*Negotiate_ time*	*Failure_ CSRC*	*Approve_ time*
Bookvalue			-0.032	
			(-0.10)	
MBO		-0.221		-0.014
		(-0.53)		(-0.04)
Dual		-0.116		
		(-0.50)		
Board_ size		-0.808		
		(-1.51)		
Pay		0.140		
		(1.49)		
Constant	-0.083	2.732	-2.653	6.073***
	(-0.10)	(1.07)	(-0.49)	(4.51)
Year	Yes	Yes	Yes	Yes
Industry	Yes	Yes	Yes	Yes
Province	Yes	Yes	Yes	Yes
Pseudo R^2	0.275		0.255	
LR chi^2	37.029		11.325	
Adj. R^2		0.129		0.278
F		1.588		1.909
N	158	144	160	147

注：括号内为 t 值或 z 值，* 为 $p < 0.1$，** 为 $p < 0.05$，*** 为 $p < 0.01$。少数控制变量由于多重共线性被删去。

（2）替换独立财务顾问声誉指标。前文券商以财务顾问身份参与的并购重组数目来定义独立财务顾问声誉，与第 4 章相同，此处替换为并购规模，即以 1998—2013 年为所有中国企业为并购方的并购重组事件担任财务顾问的项目规模排名，如果上市公司聘请的券商属于前十大，代表独立财务顾问声誉的变量 *Rep* 为 1，否则为 0。表 5-12 列示了检验结果，本章主要结论不变。

表 5-12　以项目规模衡量声誉的稳健性检验

变量	Failure_ deal	Negotiate_ time	Failure_ CSRC	Approve_ time
Rep	-0. 334*	-0. 222*	-3. 906*	-0. 147*
	(-1. 67)	(-1. 80)	(-1. 91)	(-1. 90)
Deal_ type		0. 016	1. 119	0. 184**
		(0. 13)	(1. 14)	(2. 21)
Payment	0. 268		3. 619	
	(1. 05)		(1. 62)	
Share	-0. 012*		-0. 036	
	(-1. 68)		(-1. 07)	
Dev	-0. 052	-0. 141**	-1. 035	-0. 075
	(-0. 45)	(-2. 10)	(-1. 39)	(-1. 61)
Soe	0. 047	-0. 148	1. 128	-0. 006
	(0. 22)	(-1. 13)	(1. 41)	(-0. 06)
Reverse	0. 247	0. 139	2. 022	-0. 160
	(0. 76)	(0. 70)	(1. 22)	(-1. 26)
Relate	-0. 577**	0. 177		-0. 029
	(-2. 12)	(0. 95)		(-0. 24)
St				-0. 192*
				(-1. 94)
Relative			-0. 462	-0. 006**
			(-1. 16)	(-2. 44)
GEM				-0. 632***
				(-3. 90)
Bigfour	0. 432	-0. 449	2. 439	-0. 008
	(1. 07)	(-1. 62)	(1. 58)	(-0. 05)
Growth		-0. 284**		
		(-2. 05)		
Bookvalue			1. 193	
			(1. 43)	

续表

变量	*Failure_ deal*	*Negotiate_ time*	*Failure_ CSRC*	*Approve_ time*
MBO		-0. 266		-0. 226
		(-1. 02)		(-1. 25)
Dual		0. 132		
		(0. 89)		
Board_ size		-0. 642 **		
		(-2. 02)		
Pay		0. 195 ***		
		(3. 49)		
Constant	-4. 640	1. 619	-51. 753	7. 917 ***
	(-0. 03)	(1. 00)	(-0. 03)	(6. 98)
Year	Yes	Yes	Yes	Yes
Industry	Yes	Yes	Yes	Yes
Province	Yes	Yes	Yes	Yes
Pseudo R^2	0. 198		0. 680	
LR chi^2	63. 583		76. 618	
Adj. R^2		0. 087		0. 254
F		1. 979		2. 598
N	371	309	371	310

注：括号内为 t 值或 z 值，* 为 $p < 0.1$，** 为 $p < 0.05$，*** 为 $p < 0.01$。

独立财务顾问是券商的一项业务，因此，独立财务顾问的声誉在很大程度上与券商的声誉可能是一致的，与第 4 章相同，本章也以独立财务顾问所在券商的资产规模排名前十大来定义高声誉。表 5-13 列示了检验结果，除了最后一列的结果不显著之外，本章主要结论不变。

表 5-13　以资产规模衡量声誉的稳健性检验

变量	*Failure_ deal*	*Negotiate_ time*	*Failure_ CSRC*	*Approve_ time*
Rep	-0. 331 *	-0. 196 *	-4. 049 *	-0. 106
	(-1. 78)	(-1. 70)	(-1. 89)	(-1. 37)

续表

变量	*Failure_ deal*	*Negotiate_ time*	*Failure_ CSRC*	*Approve_ time*
Deal_ type		0.184	1.278	0.172**
		(1.45)	(0.93)	(2.07)
Payment	0.233		3.243	
	(0.92)		(1.27)	
Share	-0.013*		-0.042	
	(-1.84)		(-0.86)	
Dev	-0.057	-0.065	-1.209	-0.073
	(-0.48)	(-0.99)	(-1.40)	(-1.56)
Soe	0.025	-0.050	1.353	-0.014
	(0.11)	(-0.38)	(1.03)	(-0.16)
Reverse	0.267	-0.019	7.584*	-0.158
	(0.82)	(-0.09)	(1.82)	(-1.24)
Relate	-0.594**	0.244		-0.026
	(-2.18)	(1.36)		(-0.22)
St				-0.199**
				(-1.99)
Relative			-0.592	-0.006**
			(-1.03)	(-2.34)
GEM				-0.592***
				(-3.64)
Bigfour	0.433	-0.477*	3.858	-0.034
	(1.09)	(-1.80)	(1.35)	(-0.21)
Growth		-0.225*		
		(-1.70)		
Bookvalue			1.428	
			(1.31)	
MBO		-0.539**		-0.215
		(-2.05)		(-1.19)

续表

变量	*Failure_ deal*	*Negotiate_ time*	*Failure_ CSRC*	*Approve_ time*
Dual		0.079		
		(0.55)		
Board_ size		-0.725**		
		(-2.37)		
Pay		0.150***		
		(2.78)		
Constant	-4.804	2.151	-74.429	6.705***
	(-0.02)	(1.33)	(-0.03)	(5.85)
Year	Yes	Yes	Yes	Yes
Industry	Yes	Yes	Yes	Yes
Province	Yes	Yes	Yes	Yes
Pseudo R^2	0.199		0.721	
LR chi^2	63.913		81.228	
Adj. R^2		0.185		0.249
F		2.895		2.554
N	371	309	371	310

注：括号内为 t 值或 z 值，* 为 $p < 0.1$，** 为 $p < 0.05$，*** 为 $p < 0.01$。

（3）控制承销商关系与行业经验。理论上，独立财务顾问的承销商关系与行业经验均可能对重大资产重组的后果产生影响，如关系的建立有助于独立财务顾问深度了解上市公司的并购战略，在协调双方的谈判时缩短与上市公司沟通的时间，行业经验的建立有助于独立财务顾问累积关于行业发展现状与前景的知识，从而增加了外界对重组前景的信任度，也就提高了重组的通过率。因此，本章控制承销商关系和行业经验，再检验高声誉独立财务顾问对完成重组的影响。结果如表 5-14 所示，并没有发现关系或者经验的建立影响了重组完成，而控制了关系和经验的变量后独立财务顾问声誉的系数仍显著为负，本章结论不变。

表 5-14　控制承销商关系和行业经验的稳健性检验

变量	*Failure_ deal*	*Negotiate_ time*	*Failure_ CSRC*	*Approve_ time*
Rep	-0. 326 *	-0. 280 **	-2. 088 **	-0. 163 **
	(-1. 71)	(-2. 38)	(-2. 15)	(-2. 12)
Underwriter	0. 038	0. 017	-0. 947	0. 127
	(0. 19)	(0. 14)	(-1. 01)	(1. 53)
Ind_ exper	0. 080	0. 136	-1. 279	0. 063
	(0. 35)	(1. 04)	(-1. 32)	(0. 72)
Deal_ type		0. 196	0. 124	0. 197 **
		(1. 53)	(0. 16)	(2. 36)
Payment	0. 260		2. 621 **	
	(1. 01)		(2. 00)	
Share	-0. 012 *		-0. 028	
	(-1. 76)		(-1. 03)	
Dev	-0. 070	-0. 072	-0. 861	-0. 085 *
	(-0. 58)	(-1. 10)	(-1. 43)	(-1. 78)
Soe	0. 030	-0. 049	0. 919	-0. 024
	(0. 14)	(-0. 37)	(1. 16)	(-0. 27)
Reverse	0. 263	-0. 028	2. 798 *	-0. 185
	(0. 80)	(-0. 14)	(1. 93)	(-1. 45)
Relate	-0. 585 **	0. 256		-0. 005
	(-2. 14)	(1. 43)		(-0. 04)
St				-0. 187 *
				(-1. 87)
Relative			-0. 173	-0. 006 **
			(-0. 39)	(-2. 28)
GEM				-0. 605 ***
				(-3. 72)
Bigfour	0. 455	-0. 423	2. 602 *	0. 020
	(1. 14)	(-1. 59)	(1. 95)	(0. 12)

续表

变量	*Failure_ deal*	*Negotiate_ time*	*Failure_ CSRC*	*Approve_ time*
Growth		−0. 232 *		
		(−1. 75)		
Bookvalue			0. 348	
			(0. 88)	
MBO		−0. 541 **		−0. 220
		(−2. 07)		(−1. 22)
Dual		0. 101		
		(0. 70)		
Board_ size		−0. 750 **		
		(−2. 46)		
Pay		0. 164 ***		
		(3. 02)		
Constant	−4. 944	1. 849	−28. 713	8. 196 ***
	(−0. 02)	(1. 14)	(−0. 02)	(9. 03)
Year	Yes	Yes	Yes	Yes
Industry	Yes	Yes	Yes	Yes
Province	Yes	Yes	Yes	Yes
Pseudo R^2	0. 199		0. 640	
LR chi^2	63. 912		72. 131	
Adj. R^2		0. 192		0. 258
F		2. 873		2. 582
N	371	309	371	310

注：括号内为 t 值或 z 值，* 为 $p < 0.1$，** 为 $p < 0.05$，*** 为 $p < 0.01$。

5. 5　本章结论

本章首先在交易作用的视角下讨论了独立财务顾问声誉对重组完成（协商耗时、重组失败率）的影响，并且提出，上述影响不受声誉机制是否有效的约束，因为无论独立财务顾问的动机在于自身的利益还是为并购公司创造价值，成功、快速地完成交易都符合其动机，因为独立财务顾问需要成功的交易来获取佣金。然后在监督作用的视角下讨论了独立财务顾问声誉对重组完成（审核耗时、审核失败率）的影响，也提出上述影响不受声誉机制是否有效的约束，因为不管独立财务顾问是事实上监督了交易的公正性还是为出于完结重组的目的为不公正的重组出具了公正的评价意见，只要高声誉独立财务顾问认证交易公正性的“形象”存在，或者具有更高的“美化包装”重组议案的能力，其监督作用都有为重组“保驾护航”的作用。

上述关于重组完成不受声誉机制有效性约束的分析和第 4 章是类似的，只要独立财务顾问在提供交易作用时和上市公司目标一致、提供监督作用时具有更高独立性的“形象”，那么即使声誉机制不能约束独立财务顾问的机会主义行为，上市公司仍然会聘请高声誉的独立财务顾问，且高声誉的独立财务顾问更有助于重组的完成。也正因为如此，从对上市公司聘请动机和重组完成的讨论与检验之中不足以得出声誉机制是否有效的结论。第 6 章和第 7 章将就声誉机制影响下独立财务顾问的价值创造和价值分配作用展开分析，为声誉机制的有效性提供直接证据。

本章以 2006—2013 年 A 股非金融行业上市公司重大资产重组事件为样本，实证检验发现高声誉独立财务顾问具有缩短协商耗时、降低重组失败率的作用，通过对交易双方行业相关性的分组检验发现，降低交易成本是上述作用背后的机制；高声誉的独立财务顾问同时也具有缩短审核耗时、降低审核失败率的作用，但是分组检验并没有发现认证交易公正性是上述作用背后的机制，反而同样支持了降低交易成本的观点。根据第 3 章 3.5 的分析，声誉机制发挥功能的第二个前提条件在于，损害声誉的行为会被识别、并使得独立财务顾问受到市场份额受损的惩罚，但是本章的结果显示，声誉机制在监督作用中是否有效并不会影响重组的效率和成功率，这从一个侧面反映出声誉机制在独立财务顾问的监督作用中可能是无效的，第 6 章和第 7 章将对此提供进一步的证据。

本章在文献上的意义体现在：第一，本章通过分析指出独立财务顾问对重组完成的影响不受声誉机制是否有效的约束；可以作为对现有文献分析财务顾问声誉影响交易完成的理论补充；第二，本章将重组的整个过程分成协商耗时和审核耗时两个时间区间，从而在理论上将独立财务顾问交易作用和监督作用对重组完成的影响区分开来，而现有文献一般直接以首次宣告日至交易完成日之间的时间作为交易区间，笼统地研究财务顾问对降低交易时间的作用，没有将投行财务顾问服务和公平意见服务的作用区别开来；第三，本章以第 4 章的重组复杂度和大股东掏空嫌疑变量分组来检验高声誉独立财务顾问影响重组完成背后的机理，结果发现，交易作用同时可以解释高声誉独立财务顾问在协商和审核之中的作用，但监督作用无法解释其在审核之中的作用，分组检验不仅可以显示独立财务顾问声誉机制影响重组完成的机理，还可以从一个细分的角度发现声誉机制可能在监督作用中无效的证据。

第6章　独立财务顾问声誉机制对重组协同效应的作用

6.1　提出问题

无论是独立财务顾问的交易作用还是监督作用，无论是保证重组的经济性还是公正性，最终都应当体现为上市公司通过重大资产重组创造了更高的协同效应。但如果独立财务顾问的声誉机制无效，那么即使上市公司倾向于聘请高声誉的独立财务顾问、重组能够通过各项审核顺利完成，根据第3章的分析，声誉机制不足以约束代理冲突会导致财务顾问试图说服上市公司接受一个较高的支付对价，以及财务顾问追求交易的完结而非价值创造，从而造成上市公司的利益受损，因此声誉机制的有效性只有通过价值检验才能反映。

本章和第7章将在重组协同效应和重组定价两个方面检验上市公司是否因为聘请高声誉的独立财务顾问而获得增值。前者指上市公司的价值是否因为聘请高声誉独立财务顾问而得到增加，以协同效应（包括股票业绩和会计业绩）来衡量；后者指上市公司是否因为聘请高声誉独立财务顾问而支付了更低的溢价，从而获得了协同效应中的更多份额。参考文献的做法（Porrini，2006；Bowers and Miller，1990），支付溢价可以体现价值分配，高的支付溢价意味着交易对方获得了更多的利益，上市公司的利益受损，低的支付溢价则相反。

6.2　理论分析与研究假说

6.2.1　高声誉独立财务顾问的交易作用与重组协同效应

在交易作用的视角下，独立财务顾问声誉对重组协同效应的影响表现在如下两方面：

首先，独立财务顾问的声誉越高，意味着其提供服务的上市公司质量越高，因为高声誉的独立财务顾问会有意识地选择高质量的上市公司。如果上市公司本身业务资源和管理资源都不够充足，那么即使独立财务顾问为上市公司找到了最具有潜在协同效应价值的标的，上市公司也很难顺利实现整合，标的价值无法在长期体现出来，不论是更低的交易完成概率还是不尽如人意的长期绩效，都会损害独立财务顾问的声誉。高声誉的券商在选择客户时更体现出对自身声誉的关注（Fang，2005），也具有更多判断上市公司状况的经验，因此有动机也有能力选择高质量的上市公司。

其次，独立财务顾问声誉越高，也意味着重大资产重组的质量越高。Bao 和 Edmans（2011）指出，根据并购机会是否由独立财务顾问发起及独立财务顾问是否有并购重组项目的否决权，独立财务顾问在并购重组中承担了不同程度的责任。如果独立财务顾问本身就是交易的发起者，那么高声誉独立财务顾问通过过去的项目已经积累了丰富的行业经验和人脉资源，有能力为上市公司选择更为合适的标的，增加了潜在的协同效应；如果独立财务顾问仅仅是交易的实施者，由于交易双方的信息不对称是并购中最大的难题，谈判中的摩擦也会进一步加大风险，而独立财务顾问是尽职调查与沟通协商的总协调人，因此经验丰富的高声誉独立财务顾问能够控制交易成本。总的来说，在能力的角度，不论独立财务顾问在多大程度上参与并购重组事件，高声誉都是更低交易成本的保证。在动机上，当高声誉成为未来收益的保障，破坏声誉行为带来的损失也相应提高，因为在需要重复博弈的市场之中，券商的机会主义行为将导致其未来市场份额减少（Hanley and Hoberg，2012），收费水平降低（Fang，2005），甚至可能产生严重的法律风险（Hanley and

Hoberg，2012）。具体到券商的财务顾问业务，Derrien 和 Dessaint （2014） 关于财务顾问排名表（ League Tables） 的研究证实了财务顾问的行为会受市场份额排名的影响，Francis 等 （2014） 基于跨国并购的研究也指出券商会看重所在地市场的声誉，因此能够起到鉴证作用。

上述推论建立在声誉机制有效的前提之下，但如果声誉机制不足以约束独立财务顾问的机会主义行为，那么如同第 3 章 3.4 的分析，高声誉的财务顾问可能更重视交易的“量” 而不是“质”，更重视交易的完成而不顾交易是否能创造价值，为了更高的佣金也不会在谈判中为上市公司争取更低的支付溢价，声誉机制在交易作用中的无效性会表现在：①交易的动机和安排无助于最大化协同效应的创造；②在谈判中无助于并购公司在协同效应中分配到更多的份额。因此，与第 4 章讨论的上市公司聘请动机以及第 5 章讨论的声誉机制影响重组完成不同，协同效应的高低受到声誉机制是否有效的约束，高声誉独立财务顾问是否能通过交易作用为上市公司创造更高的价值是不确定的。

6.2.2 高声誉独立财务顾问的监督作用与重组协同效应

与 6.2.1 类似，在监督作用的视角下，独立财务顾问的声誉对重组协同效应的影响也表现为两方面：

首先，独立财务顾问的声誉越高，意味着其提供服务的上市公司质量越高。如果上市公司本身公司治理较差，或者信息透明度不高，一方面这样公司发起的并购重组通过证监会审核的可能性较低；另一方面，并购出于私人利益动机的可能性较高，通过并购实现公司价值增值的概率更低，而且有更高的可能性被媒体关注，重大资产重组被暴露在更透明的监管之下，服务于这样的客户，无疑会损害独立财务顾问的声誉。为了维护声誉，高声誉的独立财务顾问会更加谨慎地选择上市公司。

其次，聘请高声誉的独立财务顾问也可以向外界认证重组信息的真实性。按照《上市公司并购重组财务顾问业务管理办法》第二十六条的规定，财务顾问需要对并购重组方案中的信息真实性、准确性和完整性做出承诺，因此独立财务顾问的声誉越高，也就越会避免虚假信息披露对声誉资本造成的损害。因此，在独立财务顾问报告之中对重大资产重组公正性给予肯定评价的情况下，独立财务顾问的声誉越高，越能认证信息的真实性和交易的公正性。Kisgen 等（2009）在讨论购买投行提供的公平意见时也提出，投行不太愿意为低质量的交易（提高股东财富的可能性较低的交易）提供公平意见，因为担心声誉会因此受损，并且也会更加谨慎地评价交易的公允性，因此会出具更高质量的公平意见，投行的这个动机正好起到了认证高质量交易的作用。Makhija 和 Narayanan（2007）在讨论标的企业购买公平意见时也发现，虽然公平意见一般与差的市场反应相关，但一旦聘请的是高声誉投行，投资者就不再有负面的反应了。总之，高声誉的独立财务顾问理应提供更好的监督作用。保证重大资产重组的公正性，也就意味着保障重组的动机在于为上市公司增值、且实施过程中不存在转移利益的行为，因此最终应当也体现为更高的协同效应。

上述推论建立在声誉机制有效的前提之下，但如果声誉机制不足以约束独立财务顾问的机会主义行为，那么如同第 3 章 3.5 的分析，高声誉的独立财务顾问可能会为不公正的交易出具公正意见，或者发挥“美化包装”的特长将不公正的交易伪装成公正交易，声誉机制在监督作用中的无效性会表现在：①重组的动机与安排在于利益输送，而无关于协同效应的创造；②即使重组能够创造协同效应，但更多的利益被转移给关联方（大股东），上市公司没有成为价值分配中受益的一方。因此，监督作用对重组协同效应的影响也受到声誉机制是否有效的约束，独立财务顾问的声誉越高，并不一定意味着重组的价值越高。

综合 6.2.1、6.2.2，在声誉机制有效性不确定的前提下，本章以有效的角度提出如下假设：

H1：其他条件不变，独立财务顾问声誉越高，重大资产重组的协同效应越高。

6.3 研究设计

6.3.1 样本与模型

与第 4 章、第 5 章相同，本章样本为 2006—2013 年国内 A 股市场上非金融行业上市公司发生的重大资产重组事件。独立财务顾问声誉指标来自 Mergermarket 数据库，聘请的独立财务顾问名称、重组类型、标的所在行业、是否为借壳上市、支付对价、标的规模、停牌与过会时间等与重组相关的数据为笔者根据巨潮网公告手工整理，其他数据均来自 CSMAR 数据库。

如下 OLS 模型（6-1）用于检验 H1：

$$\text{Performance} = \beta_0 + \beta_1 \text{Rep} + \text{ControlVariables} + \varepsilon \tag{6-1}$$

其中，Rep 表示独立财务顾问的声誉，高声誉则 Rep 为 1，否则等于 0。Performance 分别表示以股票业绩（CAR）和会计业绩（ROA）计量的协同效应（Francis and Martin，2010）。宣告日市场反应可以被视为投资者对并购交易各方面预期的综合反映（Kisgen et al.，2009），但国内资本市场发展不成熟的现状可能影响宣告日市场反应的有效性，这也是为何国内文献通常同时以股票业绩和会计业绩来衡量并购的协同效应的原因（陈仕华等，2013）。本章以并购前后一年、两年、三年经过年度—行业调整的 ROA 差值衡量体现在会计业绩中的协同效应（陈仕华等，2013）。以市场模型法计算 CAR 值，即 $R_{i,t} = \alpha + \beta R_{m,t} + \varepsilon$，其中，$R_{i,t}$ 为在 t 时期股票 i 的日收益率（考虑现金红利再投资），$R_{m,t}$ 为在 t 时期市场 m 的日收益率（考虑现金红利再投资）。两个参数 α 和 β 的估计区间为并购首次宣告日前 180 个交易日至前 60 个交易日。本章选取并购首次公告日前后 1 个交易日即［-1，+1］和 2 个交易日即［-2，+2］为计算短期 CAR 值的窗口，选取首次公告日前后 60 个交易日即［-60，+60］作为计算长期 CAR 值的窗口。同时选取长期窗口的原因之一在于我国资本市场的不完善以及信息泄露问题，之二在于考虑独立财务顾问的作用不止于宣告日之前的撮合交易，而会持续到交易被宣布完成或者失败（如其间交易的条款会被修改），因此较短的窗口期无法全面体现财务顾问对并购公司股东价值的影响（Golubov et al.，2012），也就无法全面反映独立财务顾问声誉机制的有效性。

国外文献一般用并购方和标的 CAR 的加权平均数来衡量并购协同效应，但是我国上市公司并购的标的一般来自非上市公司，无法计算标的或者被并购公司的市场反应。考虑重大资产重组涉及标的控制权的转移，因此重组之后上市公司和标的总体价值，特别是标的被整合入上市公司后产生的协同效应应当会直接体现在母公司的合并报表之中，上市公司的 CAR 可以体现投资者对上市公司和标的整体协同效应的预期。

6.3.2　变量定义

与第 4 章、第 5 章一致，本章参考 Golubov 等（2012）、Ismail（2010）、Hunter 和 Jagtiani（2003）等文献，以 1998—2013 年为所有中国企业为并购方的并购重组事件担任财务顾问的项目数目排名，如果上市公司聘请的券商属于前十大，即中金公司、中信证券、华泰联合证券、西南证券、海通证券、广发证券、国泰君安、招商证券、中信建投、中银国际，代表独立财务顾问声誉的变量 *Rep* 为 1，否则为 0。稳健性检验将替换为以担任财务顾问项目的规模、独立财务顾问所在券商的资产规模排名。

变量定义如表 6-1 所示。

表 6-1　变量定义说明

变量类型	变量名称	变量符号	变量定义与说明
被解释变量	累计超额回报率	*CAR*	并购首次公告日前后 1 个交易日即［-1，+1］、2 个交易日即［-2，+2］、60 个交易日即［-60，+60］计算的 CAR 值，分别表示为 CAR3、CAR5 和 CAR121
	总资产收益变化值（一年）	ΔROA	以并购当期为 t，$\Delta ROA = ROA_{t+1} - ROA_{t-1}$。其中 ROA 为经过年度和行业[①]调整之后的净利润与总资产平均余额的比值，总资产平均余额=（资产合计本年期末余额+资产合计上年期末余额）/2

① 制造业采用三位代码，其余行业采用一位代码，本书凡是涉及行业，均采用此标准。

续表

变量类型	变量名称	变量符号	变量定义与说明
被解释变量	总资产收益变化值（两年）	$\Delta ROA2$	以并购当期为 t，$\Delta ROA2 = (ROA_{t+1} + ROA_{t+2})/2 - (ROA_{t-1} + ROA_{t-2})/2$。其中 ROA 为经过年度和行业调整之后的净利润与总资产平均余额的比值，总资产平均余额=（资产合计本年期末余额+资产合计上年期末余额）/2
	总资产收益变化值（三年）	$\Delta ROA3$	以并购当期为 t，$\Delta ROA3 = (ROA_{t+1} + ROA_{t+2} + ROA_{t+3})/3 - (ROA_{t-1} + ROA_{t-2} + ROA_{t-3})/3$。其中 ROA 为经过年度和行业调整之后的净利润与总资产平均余额的比值，总资产平均余额=（资产合计本年期末余额+资产合计上年期末余额）/2
解释变量	独立财务顾问声誉	*Rep*	如果上市公司聘请的独立财务顾问属于高声誉（即上文所列十个券商之一），该值为 1，否则为 0
控制变量	交易类型	*Deal_ type*	根据并购公告，如果重大资产重组不仅仅涉及以现金或者股份购买资产或者股份，还涉及募集配套资金、资产剥离、资产置换、吸收合并等形式，该值为 1，否则为 0
	营业收入	*Sale*	上一期营业收入的自然对数（张洽、袁天荣，2013）
	资产负债率	*Lev*	上一期资产负债率（Huang et al.，2014；刘春等，2015）
	两权分离度	*Dev*	上一期两权分离度（于江等，2014），参考唐跃军等（2012），两权分离度=控制权/现金流权
	股权集中度	*Share*	上一期第一大股东持股比例（陈仕华等，2013；刘春等，2015）
	标的账面价值	*Bookvalue*	标的账面价值的自然对数
	重组规模	*Pay*	支付对价的自然对数（刘春等，2015；Huang et al.，2014；Walter et al.，2008）
	产权性质	*Soe*	如果上一期公司实际控制人是国有性质，该值为 1，否则为 0（杨道广等，2014）
	借壳	*Reverse*	根据并购公告，如果重大资产重组的实质是借壳上市，该值为 1，否则为 0

续表

变量类型	变量名称	变量符号	变量定义与说明
控制变量	兼任情况	*Dual*	上一期如果董事长与总经理由同一人兼任，该值为 1，否则为 0（陈仕华等，2013；赵息、张西栓，2013；刘春等，2015）
	高声誉审计机构	*Bigfour*	如果对标的尽职调查的审计机构属于四大，该值为 1，否则为 0
	重大资产重组的经验	*First*	如果是样本期间上市公司第一次的重大资产重组，该值为 1，否则为 0
	并购经验	*Exper*	从 CSMAR 数据库并购数据库有记录的 1998 年开始，上市公司发生过的并购个数（把同一宣告日下的并购合并）
	年度	*Year*	观测值处于该年度则取 1，否则为 0
	行业	*Industry*	观测值处于该行业则取 1，否则为 0。制造业采用三位代码，其余行业采用一位代码
	地区	*Province*	观测值的注册地属于该省份则取 1，否则为 0

6.4　实证结果分析与讨论

6.4.1　描述性统计结果

表 6-2 是本章变量的描述性统计。从 *ΔROA*、*ΔROA2*、*ΔROA3*、*CAR3*、*CAR5*、*CAR121* 六个变量的均值中可见，重大资产重组一般而言能够产生协同效应。

表 6-2　描述性统计

变量	个数	均值	标准差	中位数	最小值	最大值
Rep	371	0. 485	0. 500	0	0	1
ΔROA	299	0. 016	0. 122	0. 011	−0. 382	0. 363
ΔROA2	229	0. 019	0. 116	0. 010	−0. 354	0. 365
ΔROA3	171	0. 022	0. 108	0. 008	−0. 340	0. 368
CAR3	358	0. 284	1. 064	0. 144	−0. 200	9. 386
CAR5	358	0. 317	1. 069	0. 188	−0. 297	9. 452

续表

变量	个数	均值	标准差	中位数	最小值	最大值
*CAR*121	346	0. 261	0. 737	0. 224	-1. 881	7. 938
Deal_ type	371	0. 307	0. 462	0	0	1
Sale	371	20. 410	1. 703	20. 371	16. 364	24. 796
Lev	371	0. 560	0. 344	0. 522	0. 048	1. 677①
Bookvalue	371	20. 178	1. 301	20. 195	17. 075	23. 610
Pay	371	21. 067	1. 186	21. 192	17. 701	24. 095
Dev	371	1. 425	0. 886	1. 000	1. 000	6. 176
Dual	356	0. 219	0. 414	0	0	1
Share	371	35. 276	14. 597	33. 565	8. 927	75. 194
Soe	371	0. 566	0. 496	1	0	1
Reverse	371	0. 116	0. 321	0	0	1
Bigfour	371	0. 051	0. 221	0	0	1

表 6-3 是样本主要变量的 Pearson/Spearman 相关系数表，包括被解释变量（以股票业绩和会计业绩衡量的重组协同效应）、解释变量（独立财务顾问声誉），以及用于分组检验的重组双方行业关联度、大股东占款。可以看出，除了衡量重组协同效应的指标之间，其余变量之间的相关系数不超过 0. 3。独立财务顾问声誉和衡量重组协同效应的变量之间均正相关，这是高声誉独立财务顾问有助于重组价值创造的初步证据。

表 6-4 是根据独立财务顾问声誉分组后对被解释变量的均值和中位数检验。除了 *CAR*5 的中位数之外，其余变量均显示，在高声誉组，重大资产重组的协同效应更高，但是在控制其他影响因素之前，分组之间显著的差异性只体现在 ΔROA3 中。

① 考虑上市公司发起重大资产重组的重要原因之一是经营出现重大问题、资不抵债，本书并不剔除资产负债率异常的样本。

表 6-3　主要变量的 Pearson/Spearman 相关系数

变量	*CAR3*	*CAR5*	*CAR121*	*ΔROA*	*ΔROA2*	*ΔROA3*	*Rep*	*Ifunrelate*	*H_rec*
CAR3	1	0. 934 ***	0. 378 ***	-0. 064	-0. 053	-0. 095	-0. 030	0. 109	0. 066
CAR5	0. 998 ***	1	0. 464 ***	-0. 016	-0. 011	-0. 045	-0. 051	0. 119 *	0. 077
CAR121	0. 413 ***	0. 477 ***	1	0. 124 *	0. 094	0. 040	0. 094	0. 252 ***	0. 025
ΔROA	-0. 122 **	-0. 113 **	0. 124 **	1	0. 762 ***	0. 665 ***	0. 080	0. 185 ***	0. 215 ***
ΔROA2	-0. 133 **	-0. 128 **	0. 142 **	0. 812 ***	1	0. 936 ***	0. 017	0. 224 ***	0. 266 ***
ΔROA3	-0. 095	-0. 093	0. 173 **	0. 689 ***	0. 915 ***	1	0. 014	0. 212 ***	0. 246 ***
Rep	0. 026	0. 025	0. 081	0. 082	0. 093	0. 115 *	1	0. 008	0. 060
Ifunrelate	0. 180 ***	0. 186 ***	0. 265 ***	0. 060	0. 105 *	0. 146 **	-0. 003	1	0. 213 ***
H_rec	0. 130 **	0. 130 **	0. 068	0. 077	0. 134 **	0. 189 ***	0. 064	0. 198 ***	1

注:左下部分为 Pearson 检验结果,右上部分为 Spearman 检验结果;*、**、*** 分别表示在 10%、5%、1%的显著性水平下显著(双尾检验)。

表 6-4　均值检验和中位数检验

变量	均值	中位数	均值	中位数	T 统计量（p 值）	Wilcoxon Z 统计量（p 值）
	低声誉组		高声誉组			
*CAR*3	0. 257	0. 138	0. 312	0. 153	-0. 489（0. 625）	-0. 016（0. 987）
*CAR*5	0. 292	0. 198	0. 345	0. 170	-0. 467（0. 641）	0. 149（0. 881）
*CAR*121	0. 203	0. 179	0. 322	0. 278	-1. 500（0. 135）	-1. 759（0. 079）
Δ*ROA*	0. 007	0. 010	0. 027	0. 013	-1. 574（0. 116）	-0. 515（0. 606）
Δ*ROA*2	0. 009	0. 010	0. 031	0. 010	-1. 596（0. 112）	-0. 570（0. 569）
Δ*ROA*3	0. 009	0. 010	0. 031	0. 010	-1. 727（0. 086）	-0. 218（0. 828）

6. 4. 2　多元回归结果

表 6-5、表 6-6 分别列示了声誉对以股票业绩和会计业绩衡量的协同效应的影响。表 6-5 中，*Rep* 的系数均显著为正，说明独立财务顾问声誉越高，宣告日市场反应越好，表 6-6 中，除了第二列（因变量为 ROA）①，其余列中 *Rep* 的系数均显著为正，说明独立财务顾问声誉越高，长期会计业绩越好，考虑到短期的会计业绩可能受到重组整合还未完成的影响，长期的会计业绩应当更准确地衡量协同效应，上述结果均支持 H1 得到验证。结果说明，虽然独立财务顾问两项业务之间可能存在着内生的冲突性，但整体上高声誉的独立财务顾问仍然能够为上市公司创造更高的价值，聘请高声誉独立财务顾问的决策是符合最大化股东价值的目标的。总体上，独立财务顾问的声誉机制有效。

表 6-5　H1 的回归结果（股票业绩）

变量	*CAR*3	*CAR*5	*CAR*121
Rep	0. 224 **	0. 210 **	0. 164 **
	(2. 16)	(2. 00)	(1. 98)
Bookvalue	-0. 052	-0. 044	0. 032
	(-1. 16)	(-0. 97)	(0. 90)

① 第 7 章将通过中介效应证实，不显著的短期协同效应是由高溢价导致的。

续表

变量	*CAR*3	*CAR*5	*CAR*121
Dealtype	-0. 096	-0. 077	0. 160*
	(-0. 92)	(-0. 73)	(1. 88)
Sale	-0. 103***	-0. 106***	-0. 062**
	(-3. 04)	(-3. 08)	(-2. 23)
Lev	0. 980***	0. 951***	-0. 206
	(6. 70)	(6. 43)	(-1. 50)
Share	0. 002	0. 002	-0. 002
	(0. 59)	(0. 48)	(-0. 72)
Dual	-0. 064	-0. 077	-0. 053
	(-0. 51)	(-0. 61)	(-0. 54)
Dev	-0. 028	-0. 030	0. 123***
	(-0. 49)	(-0. 52)	(2. 66)
Soe	0. 028	0. 022	-0. 038
	(0. 24)	(0. 18)	(-0. 39)
Reverse	0. 141	0. 164	0. 287**
	(0. 84)	(0. 97)	(2. 07)
Bigfour	0. 001	0. 010	0. 022
	(0. 00)	(0. 04)	(0. 12)
Constant	4. 141**	4. 125**	-0. 046
	(2. 59)	(2. 55)	(-0. 04)
Year	Yes	Yes	Yes
Industry	Yes	Yes	Yes
Province	Yes	Yes	Yes
*Adj. R*2	0. 125	0. 115	0. 287
F	1. 735	1. 669	3. 009
N	340	340	331

注：括号内为 t 值，* 为 $p < 0.1$，** 为 $p < 0.05$，*** 为 $p < 0.01$。

表 6-6 H1 的回归结果（会计业绩）

变量	ΔROA	ΔROA2	ΔROA3
Rep	0.008	0.041**	0.046**
	(0.54)	(2.41)	(2.22)
Bookvalue	-0.028**	-0.050***	-0.045***
	(-2.46)	(-3.72)	(-2.75)
Pay	0.037***	0.045***	0.035**
	(3.27)	(3.50)	(2.39)
Deal_type	0.037**	0.021	0.028
	(2.34)	(1.30)	(1.40)
Sale	-0.007	-0.011**	-0.013**
	(-1.48)	(-2.08)	(-2.08)
Lev	-0.006	0.028	0.035
	(-0.26)	(1.17)	(1.23)
Share	0.000	0.001	0.001
	(0.24)	(0.98)	(0.98)
Dual	-0.003	-0.022	-0.008
	(-0.17)	(-1.00)	(-0.28)
Dev	-0.005	-0.002	-0.002
	(-0.56)	(-0.22)	(-0.21)
Soe	0.009	-0.004	0.017
	(0.52)	(-0.19)	(0.69)
Reverse	0.060**	0.059*	0.040
	(2.48)	(1.95)	(1.01)
Bigfour	0.013	0.029	0.040
	(0.36)	(0.78)	(0.84)
Constant	-0.015	0.431*	0.677***
	(-0.07)	(1.78)	(2.65)
Year	Yes	Yes	Yes
Industry	Yes	Yes	Yes
Province	Yes	Yes	Yes

续表

变量	ΔROA	$\Delta ROA2$	$\Delta ROA3$
$Adj.\ R^2$	0. 142	0. 158	0. 088
F	1. 745	1. 669	1. 265
N	298	229	171

注：括号内为 t 值，* 为 $p<0.1$，** 为 $p<0.05$，*** 为 $p<0.01$。限于交易成功的样本。

为了具体地考察独立财务顾问声誉对协同效应的影响是源于其交易作用和监督作用，与第 5 章类似，本章也分别以 *Ifunrelate*（非相关重组，衡量重组复杂度）和 *H_ rec*（大股东占款程度，衡量大股东掏空嫌疑）为分组变量，分别对以 *CAR*3 和 $\Delta ROA3$ 为因变量的回归方程分组检验，结果如表 6-7、表 6-8所示。以 *Ifunrelate* 分组时，不论以股票业绩还是会计业绩为因变量，声誉对协同效应的影响均只表现在重组较复杂的情形下，说明交易作用是解释声誉机制影响价值创造的一个重要机制；以 *H_ rec* 分组时，仅在以股票业绩为因变量时，声誉对协同效应的影响只表现在大股东掏空嫌疑较大的情形下，以会计业绩为因变量时，两组的结果均不显著，说明监督作用作为影响声誉机制与价值创造之间关系机制的解释力较弱。第 7 章将就声誉机制在监督作用中的有效性提供进一步证据。

表 6-7　H1 的分组结果（股票业绩）

变量	*Ifunrelate*=1 组	*Ifunrelate*=0 组	*H_ rec*=1 组	*H_ rec* =0 组
	*CAR*3	*CAR*3	*CAR*3	*CAR*3
Rep	0. 585 *	0. 057	0. 414 *	0. 039
	(1. 71)	(0. 56)	(1. 92)	(0. 91)
Bookvalue	−0. 052	0. 006	−0. 087	0. 011
	(−0. 30)	(0. 13)	(−0. 96)	(0. 60)
Dealtype	−0. 027	−0. 113	−0. 268	0. 025
	(−0. 08)	(−0. 85)	(−1. 33)	(0. 53)
Sale	−0. 167 *	−0. 080 *	−0. 184 ***	−0. 034 **
	(−1. 84)	(−1. 84)	(−2. 83)	(−2. 24)

续表

变量	*Ifunrelate* = 1 组	*Ifunrelate* = 0 组	*H_ rec* = 1 组	*H_ rec* = 0 组
	CAR3	*CAR3*	*CAR3*	*CAR3*
Lev	1.401***	0.801***	1.235***	0.153**
	(3.76)	(3.62)	(4.54)	(2.09)
Share	-0.010	0.000	0.001	0.001
	(-0.83)	(0.06)	(0.18)	(0.79)
Dual	-0.430	-0.017	-0.239	0.036
	(-1.20)	(-0.12)	(-0.98)	(0.68)
Dev	0.220	-0.019	-0.022	-0.014
	(1.25)	(-0.31)	(-0.18)	(-0.64)
Soe	1.091***	-0.144	0.211	-0.030
	(2.98)	(-1.16)	(0.85)	(-0.64)
Reverse	0.379	-0.073	0.316	0.154**
	(0.93)	(-0.29)	(0.91)	(2.21)
Bigfour	1.321	0.008	-0.053	-0.087
	(0.62)	(0.04)	(-0.10)	(-1.06)
Constant	1.076	2.756**	3.186	0.676
	(0.29)	(2.01)	(1.17)	(1.23)
Year	Yes	Yes	Yes	Yes
Industry	Yes	Yes	Yes	Yes
Province	Yes	Yes	Yes	Yes
Adj. R2	0.103	0.039	0.167	0.190
F	1.210	1.147	1.546	1.618
N	105	235	176	164

注：括号内为 t 值，* 为 $p < 0.1$，** 为 $p < 0.05$，*** 为 $p < 0.01$。

表 6-8　H1 的分组结果（会计业绩）

变量	*Ifunrelate* = 1 组	*Ifunrelate* = 0 组	*H_ rec* = 1 组	*H_ rec* = 0 组
	ΔROA3	ΔROA3	ΔROA3	ΔROA3
Rep	0.119**	-0.007	0.039	-0.024
	(2.48)	(-0.34)	(1.11)	(-0.87)
Bookvalue	-0.047	-0.018	-0.007	-0.040*
	(-1.20)	(-1.18)	(-0.24)	(-1.89)
Pay	0.037	0.016	0.012	0.044**
	(1.02)	(1.15)	(0.48)	(2.34)
Sale	-0.017	0.002	-0.015	0.004
	(-1.33)	(0.23)	(-1.52)	(0.34)
Lev	-0.050	-0.007	-0.011	-0.141***
	(-0.94)	(-0.17)	(-0.29)	(-3.01)
Deal_ type	0.059	-0.005	0.052*	0.032
	(1.00)	(-0.20)	(1.71)	(1.06)
Share	-0.002	0.001	0.000	0.001
	(-1.13)	(0.74)	(0.21)	(0.87)
Dual	0.034	-0.038	0.028	-0.043
	(0.68)	(-1.26)	(0.61)	(-1.13)
Soe	-0.012	0.027	0.022	-0.021
	(-0.27)	(1.20)	(0.61)	(-0.81)
Reverse	-0.065	-0.017	-0.053	-0.007
	(-1.08)	(-0.17)	(-0.92)	(-0.10)
Bigfour	-0.383	0.026	-0.077	0.035
	(-1.46)	(0.70)	(-0.86)	(0.72)
Constant	0.747	-0.100	0.232	-0.321
	(1.58)	(-0.41)	(0.59)	(-0.98)
Year	Yes	Yes	Yes	Yes
Industry	Yes	Yes	Yes	Yes
Province	Yes	Yes	Yes	Yes
$Adj.\ R^2$	0.243	0.047	0.070	0.057

续表

变量	*Ifunrelate*=1 组	*Ifunrelate*=0 组	*H_ rec*=1 组	*H_ rec* =0 组
	ΔROA3	*ΔROA3*	*ΔROA3*	*ΔROA3*
F	1.507	1.113	1.150	1.113
N	80	91	73	98

注：括号内为 t 值，* 为 $p < 0.1$，** 为 $p < 0.05$，*** 为 $p < 0.01$。限于交易成功的样本。

总之，由于创造协同效应是重大资产重组的根本目的，本章的结果支持了独立财务顾问声誉机制的有效性，并且发现此有效性主要体现在交易作用之中。

本章的结果还可以为第 4 章的结论提供进一步的解释。第 4 章发现，上市公司会出于认证重组公正性的原因聘请高声誉独立财务顾问，也就是对其监督作用存在需求（虽然只是需要监督作用的“形象”而非“实质”），但是第 5 章发现，缩短审核耗时、减少审核失败率是源于高声誉独立财务顾问降低交易成本的作用，而非监督作用，这似乎意味着，高声誉独立财务顾问的监督作用并不能保障重组通过股东大会、证监会的审核，与第 4 章上市公司的聘请动机相矛盾。而本章表 6-5 的结果说明，至少对于投资者，高声誉独立财务顾问传递重组公正性信号的作用是存在的，由于宣告日市场反应也是上市公司所关注的，这就可以解释为何上市公司会出于认证重组公正性的原因聘请高声誉的独立财务顾问。

6.4.3 稳健性检验

（1）自选择问题。上文中的分析建立在独立财务顾问的选择是外生的前提下，但可能存在样本选择并非随机的问题，如高声誉的独立财务顾问一般收费较高，因此规模较大或者收益较好的企业才能承受。与第 4 章、第 5 章相同，本章设置指标 *Rep_ before*，如果该上市公司在之前的资产重组、关联交易、股权激励等需要聘请独立财务顾问的情况下或者 IPO 时聘请过上文中的十大高声誉券商，该变量为 1，否则为 0。表 6-9、表 6-10 的结果显示，控制了 Inverse Mills ratio 之后，*Rep* 系数以及交乘项的符号、显著性与前文一致，本章结论不变。

表 6-9　Heckman 二阶段回归结果（股票业绩）

变量	一阶段模型	二阶段模型		
	Rep	*CAR3*	*CAR5*	*CAR121*
Rep		0. 224 **	0. 210 **	0. 164 **
		(2. 16)	(2. 00)	(1. 98)
Rep_ before	0. 435 **			
	(2. 51)			
Bookvalue		-0. 048	-0. 040	0. 031
		(-1. 05)	(-0. 86)	(0. 84)
Dealtype		-0. 090	-0. 070	0. 157 *
		(-0. 83)	(-0. 64)	(1. 79)
Sale	0. 219 ***	-0. 102 ***	-0. 104 ***	-0. 063 **
	(3. 81)	(-2. 90)	(-2. 93)	(-2. 19)
Lev	0. 369	0. 904 ***	0. 865 ***	-0. 178
	(1. 50)	(2. 82)	(2. 67)	(-0. 67)
Share	-0. 006	0. 002	0. 001	-0. 002
	(-0. 91)	(0. 43)	(0. 32)	(-0. 61)
Dual	0. 343 *	-0. 074	-0. 088	-0. 050
	(1. 65)	(-0. 56)	(-0. 67)	(-0. 48)
Dev	-0. 503 ***	-0. 021	-0. 022	0. 120 **
	(-3. 91)	(-0. 33)	(-0. 34)	(2. 34)
Soe	-0. 486 **	0. 026	0. 019	-0. 037
	(-2. 38)	(0. 22)	(0. 16)	(-0. 38)
Reverse		0. 121	0. 142	0. 294 *
		(0. 65)	(0. 76)	(1. 96)
Bigfour		0. 001	0. 010	0. 022
		(0. 00)	(0. 04)	(0. 12)
Inverse Mills ratio		0. 064	0. 073	-0. 024
		(0. 26)	(0. 30)	(-0. 12)
Constant	-6. 779	4. 036 ***	4. 004 ***	-0. 020
	(-0. 06)	(2. 75)	(2. 70)	(-0. 02)

续表

变量	一阶段模型	二阶段模型		
	Rep	*CAR3*	*CAR5*	*CAR121*
Year	yes	yes	yes	yes
Industry	yes	yes	yes	yes
Province	yes	yes	yes	yes
Pseudo R^2	0. 209			
LR chi^2	102. 800			
Adj. R^2		0. 125	0. 115	0. 287
F		1. 735	1. 669	3. 009
N	355	340	340	331

注：括号内为 t 值或 z 值，* 为 p < 0. 1，** 为 p < 0. 05，*** 为 p < 0. 01

表 6-10　Heckman 二阶段回归结果（会计业绩）

变量	一阶段模型	二阶段模型		
	Rep	*ΔROA*	*ΔROA2*	*ΔROA3*
Rep		0. 014	0. 050 ***	0. 059 ***
		(0. 93)	(3. 00)	(3. 12)
Rep_ before	0. 413 **			
	(2. 47)			
Soe	-0. 423 **	0. 013	0. 004	0. 016
	(-2. 29)	(0. 76)	(0. 19)	(0. 73)
Reverse		0. 032	-0. 005	-0. 043
		(1. 11)	(-0. 13)	(-0. 97)
Dual		-0. 013	-0. 045 **	-0. 043
		(-0. 71)	(-2. 02)	(-1. 61)
Pay		0. 037 ***	0. 044 ***	0. 030 **
		(3. 25)	(3. 51)	(2. 14)
Bookvalue		-0. 025 **	-0. 044 ***	-0. 028 *
		(-2. 20)	(-3. 27)	(-1. 82)
Deal_ type		0. 039 **	0. 030 *	0. 032 *
		(2. 41)	(1. 85)	(1. 76)

续表

变量	一阶段模型		二阶段模型	
	Rep	*ΔROA*	*ΔROA2*	*ΔROA3*
Sale	0.130**	-0.010*	-0.013**	-0.017***
	(2.55)	(-1.89)	(-2.54)	(-2.82)
Lev	0.438*	-0.038	-0.071	-0.118*
	(1.86)	(-0.74)	(-1.29)	(-1.75)
Share		-0.000	-0.000	-0.000
		(-0.24)	(-0.09)	(-0.33)
Dev	-0.534***	-0.004	0.007	0.009
	(-4.52)	(-0.47)	(0.67)	(0.85)
Bigfour		0.018	0.031	0.035
		(0.49)	(0.88)	(0.82)
Exper	0.460*			
	(1.93)			
First	-0.672*			
	(-1.75)			
Inverse Mills ratio		0.041	0.103**	0.155***
		(1.01)	(2.39)	(3.00)
Constant	-5.722	0.164	0.962***	-0.042
	(-0.03)	(0.79)	(3.15)	(-0.15)
Year	Yes	Yes	Yes	Yes
Industry	Yes	Yes	Yes	Yes
Province	Yes	Yes	Yes	Yes
Pseudo R^2	0.200			
LR chi^2	102.581			
Adj. R^2		0.148	0.202	0.222
F		1.756	1.870	1.746
N	371	299	229	171

注：括号内为 t 值或 z 值，* 为 $p < 0.1$，** 为 $p < 0.05$，*** 为 $p < 0.01$。二阶段模型限于交易成功的样本。

考虑 Heckman 二阶段回归的有效性越来越受到质疑，与第 5 章一样，本章也采用 PSM 方法（倾向得分匹配法，Propensity Score Matching）以控制自选择问题。根据第 4 章发现的影响上市公司聘请高声誉独立财务顾问的各个变量，估计每个上市公司聘请高声誉独立财务顾问的概率，采用一对一的最邻近匹配法进行样本匹配，以匹配后的样本重新检验 H1，结果列示于表 6-11、表 6-12，独立财务顾问声誉仍然与股票业绩或者会计业绩衡量的重组协同效应正相关，本章结论不变。

表 6-11　PSM 配对样本的回归结果（股票业绩）

变量	*CAR3*	*CAR5*	*CAR121*
Rep	0.355**	0.350**	0.388***
	(2.08)	(2.04)	(3.09)
Bookvalue	-0.165**	-0.149*	0.031
	(-2.10)	(-1.88)	(0.55)
Dealtype	0.112	0.132	0.034
	(0.67)	(0.79)	(0.27)
Sale	-0.112*	-0.113*	-0.069
	(-1.92)	(-1.92)	(-1.61)
Lev	1.324***	1.268***	-0.221
	(5.40)	(5.13)	(-1.04)
Share	0.005	0.004	-0.010**
	(0.89)	(0.73)	(-2.46)
Dual	-0.063	-0.077	-0.175
	(-0.33)	(-0.40)	(-1.24)
Dev	0.136	0.122	-0.134
	(1.03)	(0.92)	(-1.41)
Soe	0.347*	0.343*	0.168
	(1.73)	(1.70)	(1.13)
Reverse	0.145	0.152	0.226
	(0.48)	(0.50)	(1.00)

续表

变量	*CAR*3	*CAR*5	*CAR*121
Bigfour	-0. 364	-0. 388	0. 089
	(-0. 86)	(-0. 91)	(0. 29)
Constant	5. 928 **	5. 704 **	2. 090
	(2. 40)	(2. 29)	(1. 12)
Year	Yes	Yes	Yes
Industry	Yes	Yes	Yes
Province	Yes	Yes	Yes
*Adj. R*2	0. 194	0. 185	0. 142
F	1. 648	1. 613	1. 431
N	163	163	157

注：括号内为 t 值，* 为 p < 0. 1，** 为 p < 0. 05，*** 为 p < 0. 01。

表 6-12　PSM 配对样本的回归结果（会计业绩）

变量	Δ*ROA*	Δ*ROA*2	Δ*ROA*3
Rep	0. 024	0. 076 **	0. 101 **
	(0. 91)	(2. 40)	(2. 34)
Bookvalue	-0. 041 **	-0. 079 ***	-0. 097 ***
	(-2. 08)	(-2. 92)	(-2. 81)
Pay	0. 048 **	0. 069 ***	0. 073 **
	(2. 49)	(2. 88)	(2. 40)
Deal_ type	0. 056 **	0. 051 *	0. 077 *
	(2. 00)	(1. 74)	(1. 98)
Sale	0. 008	0. 005	0. 011
	(0. 80)	(0. 46)	(0. 67)
Lev	-0. 000	0. 028	0. 010
	(-0. 01)	(0. 66)	(0. 17)
Share	0. 000	0. 001	0. 001
	(0. 31)	(0. 49)	(0. 67)

续表

变量	ΔROA	ΔROA2	ΔROA3
Dual	0. 020	0. 002	-0. 017
	(0. 74)	(0. 05)	(-0. 31)
Dev	-0. 012	-0. 009	-0. 045
	(-0. 61)	(-0. 43)	(-1. 30)
Soe	0. 005	0. 013	0. 020
	(0. 15)	(0. 33)	(0. 36)
Reverse	0. 095**	0. 088*	0. 091
	(2. 58)	(1. 94)	(1. 52)
Bigfour	-0. 026	0. 017	0. 088
	(-0. 43)	(0. 27)	(0. 83)
Constant	-0. 293	0. 220	0. 507
	(-0. 76)	(0. 46)	(0. 74)
Year	Yes	Yes	Yes
Industry	Yes	Yes	Yes
Province	Yes	Yes	Yes
Adj. R^2	0. 072	0. 076	0. 002
F	1. 191	1. 172	1. 003
N	146	116	87

注：括号内为 t 值，* 为 $p < 0.1$，** 为 $p < 0.05$，*** 为 $p < 0.01$。限于交易成功的样本。

（2）独立财务顾问声誉和会计业绩的其他定义方式。前文券商以财务顾问身份参与的并购重组数目来定义独立财务顾问声誉，与第 4 章、第 5 章相同，此处替换为并购规模，即以 1998—2013 年为所有中国企业为并购方的并购重组事件担任财务顾问的项目规模排名，如果上市公司聘请的券商属于前十大，代表独立财务顾问声誉的变量 *Rep* 为 1，否则为 0。另外，独立财务顾问是券商的一项业务，因此，独立财务顾问的声誉在很大程度上与券商的声誉可能是一致的，与第 4 章、第 5 章相同，本章也以独立财务顾问所在券商的资产规模排名前十大来定义高声誉。

另外，在以会计业绩为因变量时，前文以并购前后一年经过年度和行业调整的总资产收益率（ROA）变化值衡量并购绩效，标准是并购首次宣告日所在的年份。但是，从披露预案开始，并购重组的过程往往要持续 1 年以上，而并购重组对会计业绩的影响应当体现在整合完成、标的与并购企业的业务产生协同效应之后。因此本章以并购完成的年份（通过证监会审核日所在的年份）为标准计算 ROA 的变化值。表 6-13、表 6-14 列示了对 H1 的检验结果，本章的结论不变。

表 6-13　替换声誉定义、控制关系与经验后 H1 的回归结果（股票业绩）

变量	以项目规模定义声誉	以资产规模定义声誉	控制承销商关系和行业经验
	***CAR*121**	***CAR*121**	***CAR*121**
Rep	0. 156*	0. 209**	0. 158**
	(1. 89)	(2. 56)	(1. 98)
Underwriter			0. 086
			(1. 09)
Ind_ exper			-0. 146*
			(-1. 81)
Bookvalue	0. 032	0. 031	0. 034
	(0. 89)	(0. 89)	(1. 02)
Dealtype	0. 159*	0. 167**	0. 167**
	(1. 88)	(1. 98)	(2. 01)
Sale	-0. 057**	-0. 065**	-0. 064**
	(-2. 08)	(-2. 37)	(-2. 38)
Lev	-0. 203	-0. 215	-0. 153
	(-1. 48)	(-1. 57)	(-1. 15)
Share	-0. 002	-0. 002	-0. 003
	(-0. 89)	(-0. 67)	(-0. 96)
Dual	-0. 035	-0. 057	0. 008
	(-0. 36)	(-0. 59)	(0. 08)
Dev	0. 117**	0. 117**	0. 125***
	(2. 54)	(2. 57)	(2. 77)

续表

变量	以项目规模定义声誉	以资产规模定义声誉	控制承销商关系和行业经验
	***CAR*121**	***CAR*121**	***CAR*121**
Soe	−0.052	−0.029	−0.047
	(−0.54)	(−0.31)	(−0.50)
Reverse	0.300**	0.277**	0.253*
	(2.16)	(2.02)	(1.86)
Bigfour	0.013	0.043	−0.023
	(0.07)	(0.24)	(−0.13)
Constant	−0.160	0.044	3.929***
	(−0.14)	(0.04)	(3.93)
Year	Yes	Yes	Yes
Industry	Yes	Yes	Yes
Province	Yes	Yes	Yes
Adj. R^2	0.286	0.294	0.295
F	3.000	3.078	3.562
N	331	331	331

注：括号内为t值，* 为 $p<0.1$，** 为 $p<0.05$，*** 为 $p<0.01$。

表6-14　替换声誉定义、控制关系与经验后H1的回归结果（会计业绩）

变量	以项目规模定义声誉	以资产规模定义声誉	控制承销商关系和行业经验
	以完成年份为标准的***ΔROA*3**	以完成年份为标准的***ΔROA*3**	***ΔROA*3**
Rep	0.044*	0.044*	0.046**
	(1.78)	(1.76)	(2.20)
Underwriter			0.017
			(0.83)
Ind_ exper			−0.001
			(−0.03)
Bookvalue	−0.043**	−0.042**	−0.047***
	(−2.20)	(−2.21)	(−2.79)

续表

变量	以项目规模定义声誉	以资产规模定义声誉	控制承销商关系和行业经验
	以完成年份为标准的 ΔROA3	以完成年份为标准的 ΔROA3	ΔROA3
Pay	0.031*	0.032*	0.037**
	(1.80)	(1.89)	(2.45)
Deal_ type	0.070***	0.073***	0.030
	(2.67)	(2.80)	(1.49)
Sale	−0.003	−0.004	−0.014**
	(−0.31)	(−0.52)	(−2.16)
Lev	0.028	0.019	0.034
	(0.82)	(0.55)	(1.19)
Share	0.000	0.000	0.001
	(0.22)	(0.29)	(0.94)
Dual	−0.007	−0.014	−0.010
	(−0.21)	(−0.38)	(−0.35)
Dev	−0.009	−0.010	−0.002
	(−0.68)	(−0.75)	(−0.22)
Soe	−0.005	−0.006	0.017
	(−0.18)	(−0.20)	(0.71)
Reverse	0.075	0.068	0.039
	(1.54)	(1.40)	(0.97)
Bigfour	0.104	0.106*	0.048
	(1.65)	(1.69)	(0.99)
Constant	0.454	0.053	0.747***
	(1.49)	(0.18)	(2.85)
Year	Yes	Yes	Yes
Industry	Yes	Yes	Yes
Province	Yes	Yes	Yes
Adj. R^2	0.004	0.002	0.077
F	1.010	1.004	1.222

续表

变量	以项目规模定义声誉	以资产规模定义声誉	控制承销商关系和行业经验
	以完成年份为标准的$\Delta ROA3$	以完成年份为标准的$\Delta ROA3$	$\Delta ROA3$
N	142	142	171

注：括号内为t值，* 为 p < 0.1，** 为 p < 0.05，*** 为 p < 0.01。限于交易成功的样本。

（3）控制承销商关系与行业经验。理论上，独立财务顾问的承销商关系与行业经验均可能对重大资产重组的后果产生影响，如关系的建立有助于独立财务顾问深度了解上市公司的并购战略，从而协助更有针对性地搜索标的，或者相反的，财务顾问通过私有信息获利，导致并购公司的利益受损（Bodnaruk et al.，2009），行业经验的建立有助于独立财务顾问累积关于行业发展现状与前景的知识，从而具有更高判断标的价值的能力。因此与第5章一样，本章也控制承销商关系和行业经验，再检验高声誉独立财务顾问对重组协同效应的影响。结果如表6-13、表6-14所示，本章结论不变。

6.5 本章结论

本章首先分别从交易作用和监督作用的角度具体地讨论高声誉独立财务顾问对重组协同效应的影响，其次讨论了如果声誉机制无效会对交易作用和监督作用产生怎样的影响，进而如何影响重组的协同效应。在交易作用的角度，高声誉的独立财务顾问可能更重视交易的“量”而不是“质”，更重视交易的完成而不顾交易是否能创造价值，更重视最大化佣金而不顾重组条款是否有利于上市公司；在监督作用的角度，高声誉的独立财务顾问可能会为不公正的交易也出具公正意见，或者发挥“美化包装”的特长将不公正的交易伪装成公正交易。与第4章所讨论的上市公司聘请动机、第5章讨论的完成重组不同，重组协同效应的高低会受到声誉机制是否有效的约束，因此高声誉的独立财务顾问是否更有助于重组协同效应创造是不确定的。

以2006—2013年A股非金融行业上市公司重大资产重组事件为样本，本章发现不论以股票业绩还是会计业绩衡量协同效应，声誉都与协同效应正相关，说明聘请高声誉的独立财务顾问有助于上市公司的增值，这支持声誉机制在总体上是有效的观点。进一步讲，基于重组复杂度和大股东掏空嫌疑的分组结果显示，相比监督作用，独立财务顾问的交易作用更可能是解释声誉影响协同效应的主要机制，声誉机制在交易作用中的有效性大体得到验证，而在监督作用中是否有效还需进一步证据。第 7 章讨论的溢价将就声誉机制在监督作用中的有效性提供更为直接的证据。

本章在文献上的贡献体现在：第一，提出在声誉机制不够完善的情形下，高声誉独立财务顾问在交易作用和监督作用中的机会主义行为动机，以及该动机会如何影响重组的协同效应创造，弥补了现有财务顾问文献在分析声誉后果前没有分析声誉是否有效的理论框架空白，并将机会主义行为的表现具体到交易作用和监督作用中；第二，通过分组的方式检验应当以交易作用还是监督作用来解释声誉机制对协同效应的影响，从而不仅揭示出独立财务顾问同时提供交易作用（类似于投行的财务顾问业务）和监督作用（类似于投行的公平意见业务）时的价值效应，并且揭示了解释价值效应的机制，而现有文献只是单独地检验高声誉投行是否能通过财务顾问业务或者公平意见业务为并购公司创造价值，并没有提供业务内生冲突是否会在整体上影响高声誉投行作用后果的证据。

第7章　独立财务顾问声誉机制对重组定价的作用

7.1　提出问题

除了重组协同效应，重组定价①也会影响并购方的股东价值，因为低的溢价说明并购公司在协同效应中分配到了更多的份额，反之则更低（Porrini，2006；Bowers and Miller，1990）。协同效应的创造与分配可以类比为“如何做大蛋糕”和“如何分配蛋糕”。类似的，McLaughlin（1990；1992）、Bowers和Miller（1990）、Kale等（2003）等研究也把财务顾问对并购价值的影响分成识别有价值的交易机会和协助交易过程以及在交易过程中为并购方争取更多的利益，分别对应“Superior deal”假说以及“Bargaining power”假说，其中溢价是决定价值分配的关键机制。本章将分别从交易作用和监督作用的角度讨论独立财务顾问声誉机制对重组定价的影响。

① 广义地来说，支付对价也是交易成本的一部分，但是，支付对价应当与其他交易成本区分讨论，原因包括：第一，独立财务顾问的佣金与支付对价紧密相关，为了最大化佣金，独立财务顾问有很强的抬高支付溢价的动机，而降低与筛选标的、尽职调查、协商谈判有关的其他交易成本则符合独立财务顾问快速、顺利完成重组以收到佣金的动机，也就是说，在最大化自身利益的前提下，对于支付对价和其他交易成本，独立财务顾问的动机不同，甚至相反；第二，在一般并购文献的分析框架下，信息不对称是导致并购方支付过高溢价的首要原因（Boeh，2011），然而在本书的场景中，超过80%的重组发生在关联方之间，决定溢价的主要动因不在于双方谈判中的博弈，更可能在于主导重组的大股东，因此相比交易成本，溢价更可能是上市公司内部第二类代理成本的体现。

7.2　理论分析与研究假说

7.2.1　独立财务顾问交易作用对定价的影响

独立财务顾问交易作用的一个重要方面在于为上市争取更有利的交易条款。标的价格的确定是谈判的关键，高的价格损害了并购方的利益，但能为卖方创造更多收益。为了一个满意的价格，双方都会耗费大量精力用于确定标的价值，并对溢价的确认进行拉锯谈判，这就导致了庞大的谈判成本。而独立财务顾问的专业信息渠道以及丰富的实践经验有助于尽可能地减少信息不对称性，制定一个可以接受的交易条件，并借由以往经验给出具有说服力的理由。并购双方通过独立财务顾问这个中介机构来谈判，会比双方直接讨价还价的摩擦要小很多。

7.2.2　独立财务顾问监督作用对定价的影响

如果重大资产重组的目的在于掏空上市公司，那么交易的实质只是上市公司利益向大股东转移，不会产生协同效应，或者能产生一定的协同效应，但是大股东获得了更多利益。参考 Kisgen 等（2009），站在并购方股东的角度，交易溢价高就意味着交易公平性低，利益由并购公司的股东向被并购公司的股东转移。因此，独立财务顾问的监督作用应当体现在约束溢价之上，如果溢价过高，则独立财务顾问应当拒绝出具评价意见或者在评价意见中指出交易的不公允，有损害中小股东利益的可能性。而目前重大资产重组中披露的独立财务顾问报告均就定价的公允性出具了肯定意见，表面上这似乎意味着监督作用确实起到了作用。

考虑超过 80%重大资产重组发生在关联方之间的现实背景，决定溢价的主要因素应当在于关联方之间的利益安排，而非双方谈判中的博弈，因此对溢价起约束作用的应当主要是独立财务顾问的监督作用而非交易作用。

7.2.3 独立财务顾问声誉机制的影响

支付对价的确定是决定价值分配的关键，但这恰恰也是引发独立财务顾问代理冲突、导致交易作用和监督作用无效性的一个关键原因。正如本书第3章3.1所述，其他条件不变，被并购公司希望支付的对价越高越好，而并购公司则相反（Kesner et al.，1994）。从独立财务顾问取得佣金的角度，佣金与并购是否成功有关，而并购对价的确定是并购能够成功进行的关键因素，因此独立财务顾问可能为了确保卖方董事会认可交易条款而要求并购公司抬高支付溢价，Kisgen等（2009）就发现并购方支付的交易溢价越高，交易越可能成功；从独立财务顾问取得更多佣金的角度，佣金一般就是交易规模的一个比例（McLaughlin，1990），这又使得独立财务顾问在协调交易双方确定对价时事实上更容易成为被并购公司的同盟，而非代表并购公司的利益，虽然它们是由后者聘请。Porrini（2006）虽然在假说中提出财务顾问的声誉机制应当能够缓解其与并购公司之间的代理问题，表现为更低的支付溢价，但是实证结果却恰好相反，独立财务顾问声誉与支付溢价正相关。虽然独立财务顾问仅就对价的制定给出建议，上市公司才是决策主体，但由于上市公司缺乏并购与重大资产重组经验，并购重组又要求很高的专业性知识，上市公司会在很大程度上依赖独立财务顾问的意见，如Kesner等（1994）就指出，财务顾问行业由寡头垄断，并购公司对财务顾问的依赖度很高，Sleptsov等（2013）也指出，在确定交易条款时，由于上市公司的经验远不如财务顾问丰富，很可能会被财务顾问“操纵”。可见独立财务顾问有很高的话语权，其动机在很大程度上会影响溢价的确定。

很多文献都证实了并购支付溢价和公司价值之间存在负相关关系（Lubatkin，1983；Sirower，1997；Varaiya and Ferris，1987）。最直接的原因在于，过高的支付溢价意味着其他净现值（NPV）更高的项目可能面临着融资约束问题，由此增加的负债也会增加公司的财务风险（Porrini，2006）。

如果高声誉的独立财务顾问以上市公司的利益为重，那么应当在谈判中为并购公司争取更有利的对价条款，且具有更高的独立性，而不仅仅是更高独立性的“形象”，遏制可能的大股东掏空行为，实质上维护交易的公正性，遏制过高的溢价。但如果高声誉的独立财务顾问主要追求自身的短期利益，为了保证交易尽快完成以获得佣金①，独立财务顾问很可能为不公正的交易也出具公正意见，或者发挥“包装美化”的作用去保障交易通过股东大会决议和证监会的审核，可能与大股东合谋追求高的交易溢价。

在声誉机制有效性不确定的前提下，本书从有效的角度提出如下假设：

H1：其他条件不变，独立财务顾问声誉越高，上市公司在重大资产重组中支付的溢价越低。

7.3　研究设计

7.3.1　样本与模型

与第 4 章、第 5 章、第 6 章相同，本章样本为 2006—2013 年国内 A 股市场上非金融行业发生的重大资产重组事件。独立财务顾问声誉指标来自 Mergermarket 数据库，聘请的独立财务顾问名称、重组类型、标的所在行业、是否为借壳上市、支付对价、标的规模、停牌与过会时间等与重组相关的数据为笔者根据巨潮网公告手工整理，其他数据均来自 CSMAR 数据库。

如下 OLS 模型（7-1）用于检验 H1。

$$\text{Premium}=\beta_0+\beta_1\text{Rep}+\text{ControlVariables}+\varepsilon \tag{7-1}$$

其中，Rep 表示独立财务顾问的声誉，高声誉则 Rep 为 1，否则等于 0。Premium 表示支付溢价。

7.3.2　变量定义

本章参考 Golubov 等（2012）、Ismail（2010）、Hunter 和 Jagtiani（2003）

① 限于数据的原因，本章无法对独立财务顾问的佣金做直接检验。《公开发行证券的公司信息披露内容与格式准则第 2 号——年度报告的内容与格式》的 2003 年及 2007 年修订版中，未要求上市公司披露财务顾问的佣金，2012 年及 2013 年修订版中，才要求上市公司披露（第三十三条）。但笔者在检索数据中发现，基本上只有 2013 年才有相关数据披露（还不是全部 2013 年的样本）。因此，在本书 2006—2013 年的样本区间，最多只有 2013 年一年的独立财务顾问佣金数据。

等文献，以 1998—2013 年为所有中国企业为并购方的并购重组事件担任财务顾问的项目数目排名，如果上市公司聘请的券商属于前十大，即中金公司、中信证券、华泰联合证券、西南证券、海通证券、广发证券、国泰君安、招商证券、中信建投、中银国际，代表独立财务顾问声誉的变量 Rep 为 1，否则为 0。稳健性检验将替换为以担任财务顾问项目的规模、独立财务顾问所在券商的资产规模排名。

变量定义如表 7-1 所示。

表 7-1　变量定义说明

变量类型	变量名称	变量符号	变量定义与说明
被解释变量	支付溢价	*Premium*	（交易对价-标的账面净资产）/标的账面净资产，其中标的账面净资产考虑了股份被购买的比例。对于少数交易对价数据缺失的样本，由于并购重组交易中，往往以标的评估值为对价，用（标的评估值-标的账面净资产）/标的账面净资产补充缺失值（陈泽艺等，2017；陈仕华等，2013） 考虑到行业之间可能存在溢价的固有差异，如某些行业上市公司的市净率偏高，被并购方股东会要求更高的溢价，本章在稳健性检验中还以市净率调整后的溢价作为被解释变量
解释变量	独立财务顾问声誉	*Rep*	如果上市公司聘请的独立财务顾问属于高声誉（即上文所列十个券商之一），该值为 1，否则为 0
控制变量	标的账面价值	*Bookvalue*	标的账面价值的自然对数
	重组规模	*Pay*	支付对价的自然对数（Huang et al.，2014；Song et al.，2013）
	营业收入	*Sale*	上一期营业收入的自然对数（张洽、袁天荣，2013）
	资产负债率	*Lev*	上一期资产负债率（Huang et al.，2014）
	股权集中度	*Share*	上一期第一大股东持股比例
	兼任情况	*Dual*	上一期如果董事长与总经理由同一人兼任，该值为 1，否则为 0（陈仕华等，2013；赵息、张西栓，2013；刘春等，2015）
	股权制衡度	*Balance*	上一期公司第二大股东至第十大股东持股比例之和/上一期公司第一大股东持股比例

续表

变量类型	变量名称	变量符号	变量定义与说明
控制变量	产权性质	*Soe*	如果上一期公司实际控制人是国有性质，该值为1，否则为0
	委员会个数	*Committee*	上市公司内委员会的个数
	借壳	*Reverse*	根据并购公告，如果重大资产重组的实质是借壳上市，该值为1，否则为0
	高声誉审计机构	*Bigfour*	如果对标的尽职调查的审计机构属于四大，该值为1，否则为0
	并购经验	*Exper*	从CSMAR数据库并购数据库有记录的1998年开始，上市公司发生过的并购个数（把同一宣告日下的并购合并）
	两权分离度	*Dev*	上一期两权分离度（于江等，2014），参考唐跃军等（2012），两权分离度=控制权/现金流权
	重大资产重组的经验	*First*	如果是样本期间上市公司第一次的重大资产重组，该值为1，否则为0
	年度	*Year*	观测值处于该年度则取1，否则为0
	行业	*Industry*	观测值处于该行业则取1，否则为0。制造业采用三位代码，其余行业采用一位代码
	地区	*Province*	观测值的注册地属于该省份则取1，否则为0

7.4　实证结果分析与讨论

7.4.1　描述性统计结果

表7-2是本章变量的描述性统计。*Premium*的均值大于2，说明一般情况下支付对价是标的账面价值的3倍，最大值高达25，说明支付溢价有可能达到非常高的程度。

表 7-2 描述性统计

变量	个数	均值	标准差	中位数	最小值	最大值
Rep	371	0. 485	0. 500	0	0	1
Premium	371	2. 323	3. 572	1. 145	-0. 328	25. 858
Exper	371	3. 916	2. 444	3	0	13
Deal_ type	371	0. 307	0. 462	0	0	1
Sale	371	20. 410	1. 703	20. 371	16. 364	24. 796
Lev	371	0. 560	0. 344	0. 522	0. 048	1. 677①
Dev	371	1. 425	0. 886	1	1	6. 176
Share	371	35. 276	14. 597	33. 565	8. 927	75. 194
First	371	0. 943	0. 231	1	0	1
Soe	371	0. 566	0. 496	1	0	1
Reverse	371	0. 116	0. 321	0	0	1
Board_ size	364	2. 167	0. 191	2. 197	1. 609	2. 773
Bookvalue	371	20. 178	1. 301	20. 195	17. 075	23. 610
Pay	371	21. 067	1. 186	21. 192	17. 701	24. 095
Committee	371	3. 771	0. 844	4	0	5
Balance	371	0. 710	0. 694	0. 478	0. 019	3. 551
Dual	356	0. 219	0. 414	0	0	1
Bigfour	371	0. 051	0. 221	0	0	1

表 7-3 是回归模型中变量的 Pearson/Spearman 相关系数表，包括被解释变量（溢价）、解释变量（独立财务顾问声誉）及所有控制变量。可以看出，大部分变量之间的相关系数不超过 0. 3，在回归方程中同时引入所有变量不会引起多重共线性问题。独立财务顾问声誉和溢价正相关，这是高声誉独立财务顾问无助于上市公司在协同效应分配中受益的初步证据。

① 考虑上市公司发起重大资产重组的重要原因之一是经营出现重大问题、资不抵债，本书并不剔除资产负债率异常的样本。

表 7-3　主要变量的 Pearson/Spearman 相关系数

变量	*Premium*	*Rep*	*Bookvalue*	*Pay*	*Sale*	*Lev*	*Share*	*Dual*	*Balance*	*Soe*	*Committee*	*Reverse*	*Bigfour*
Premium	1	-0. 081	-0. 403 ***	0. 114 **	-0. 145 ***	-0. 171 ***	-0. 166 ***	0. 111 **	0. 180 ***	-0. 266 ***	-0. 046	0. 074	-0. 121 **
Rep	0. 011	1	0. 247 ***	0. 253 ***	0. 245 ***	0. 056	0. 034	0. 137 ***	-0. 065	0. 066	0. 038	0. 028	0. 088
Bookvalue	-0. 376 ***	0. 255 ***	1	0. 825 ***	0. 304 ***	0. 264 ***	0. 152 ***	-0. 164 ***	-0. 196 ***	0. 329 ***	-0. 027	0. 143 ***	0. 226 ***
Pay	0. 094 *	0. 258 ***	0. 832 ***	1	0. 281 ***	0. 212 ***	0. 101 *	-0. 103 *	-0. 157 ***	0. 216 ***	-0. 071	0. 196 ***	0. 164 ***
Sale	-0. 071	0. 231 ***	0. 308 ***	0. 261 ***	1	0. 189 ***	0. 327 ***	-0. 183 ***	-0. 290 ***	0. 334 ***	-0. 018	-0. 148 ***	0. 192 ***
Lev	-0. 089 *	0. 057	0. 189 ***	0. 149 ***	-0. 095 *	1	-0. 043	-0. 058	-0. 090 *	0. 215 ***	-0. 013	0. 027	0. 037
Share	-0. 083	0. 035	0. 159 ***	0. 100 *	0. 348 ***	-0. 099 *	1	-0. 074	-0. 721 ***	0. 326 ***	-0. 047	-0. 175 ***	0. 153 ***
Dual	0. 150 ***	0. 137 ***	-0. 159 ***	-0. 089 *	-0. 181 ***	0. 001	-0. 078	1	0. 142 ***	-0. 278 ***	-0. 026	0. 070	-0. 049
Balance	0. 126 **	-0. 068	-0. 172 ***	-0. 097 *	-0. 286 ***	0. 025	-0. 649 ***	0. 149 ***	1	-0. 390 ***	0. 075	0. 034	-0. 060
Soe	-0. 229 ***	0. 067	0. 307 ***	0. 175 ***	0. 315 ***	0. 078	0. 290 ***	-0. 278 ***	-0. 377 ***	1	-0. 065	0. 005	0. 107 **
Committee	-0. 071	0. 078	-0. 066	-0. 076	-0. 010	-0. 018	-0. 041	-0. 006	0. 067	-0. 051	1	0. 036	-0. 145 ***
Reverse	0. 080	0. 036	0. 119 **	0. 184 ***	-0. 169 ***	0. 058	-0. 166 ***	0. 07	0. 017	0. 011	-0. 031	1	-0. 077
Bigfour	-0. 047	0. 044	0. 217 ***	0. 145 ***	0. 200 ***	-0. 003	0. 177 ***	-0. 049	-0. 096 *	0. 080	-0. 154 ***	-0. 084	1

注:左下部分为 Pearson 检验结果,右上部分为 Spearman 检验结果; * 、** 、*** 分别表示在 10%、5%、1%的显著性水平下显著(双尾检验)。

7.4.2 多元回归结果

表7-4是H1的回归结果，第2列的结果显示，独立财务顾问的声誉越高，支付溢价越高，H1没有得到支持，而且得到了相反的结果，说明在价值分配上，高声誉并不意味着独立财务顾问提供了更高质量的交易作用或者监督作用。考虑超过80%重大资产重组发生在关联方之间的现实背景，双方谈判中的博弈应当不是决定溢价的主要原因，高溢价主要源于主导重组的大股东追求私利的动机，因此上述后果主要体现了声誉机制在监督作用之中的无效性。为验证上述推论，本章将回归样本限制在关联重组中，重新检验H1和分组回归，结果如表7-4第3列所示，独立财务顾问声誉仍然与溢价正相关。本章还分别以上市公司上一期两权分离度（Dev）的年度—行业中位数/均值将样本分组，高的两权分离度意味着大股东会更加有能力（控制权大）和动机（现金流权小）侵占上市公司利益（于江等，2014）。表7-5的结果显示，独立财务顾问声誉与溢价之间正相关关系只存在于两权分离度较高的分组中，进一步证实了独立财务顾问在监督大股东行为上的无效性是导致上市公司支付更高溢价的一个重要原因。

表7-4 全样本和关联重组样本中H1的检验结果

变量	全样本	关联重组样本
	Premium	***Premium***
Rep	0.586**	0.574**
	(2.41)	(2.06)
Bookvalue	-4.329***	-4.359***
	(-24.75)	(-21.43)
Pay	4.106***	4.074***
	(22.95)	(19.74)
Sale	0.088	0.101
	(1.06)	(1.09)

续表

变量	全样本	关联重组样本
	Premium	*Premium*
Lev	-0.153	-0.308
	(-0.44)	(-0.79)
Share	0.007	0.013
	(0.65)	(1.10)
Dual	-0.102	-0.201
	(-0.34)	(-0.56)
Balance	0.130	0.196
	(0.60)	(0.77)
Soe	-0.157	-0.427
	(-0.55)	(-1.30)
Committee	-0.296*	-0.278
	(-1.77)	(-1.51)
Reverse	0.619	0.658
	(1.58)	(1.56)
Bigfour	1.229**	1.275**
	(2.15)	(2.10)
Constant	2.299	1.299
	(0.63)	(0.32)
Year	Yes	Yes
Industry	Yes	Yes
Province	Yes	Yes
$Adj.\ R^2$	0.704	0.683
F	13.870	10.902
N	358	304

注：括号内为 t 值，* 为 $p < 0.1$，** 为 $p < 0.05$，*** 为 $p < 0.01$。

表 7-5 基于上市公司两权分离度分组后 H1 的检验结果

变量	年度—行业均值	年度—行业中位数		
	两权分离度较高	两权分离度较低	两权分离度较高	两权分离度较低
	Premium	*Premium*	*Premium*	*Premium*
Rep	1. 253**	0. 140	1. 103**	0. 301
	(2. 18)	(0. 38)	(2. 05)	(0. 81)
Bookvalue	-2. 742***	-5. 103***	-3. 630***	-4. 752***
	(-7. 56)	(-21. 88)	(-10. 10)	(-19. 63)
Pay	2. 581***	4. 842***	3. 485***	4. 515***
	(6. 30)	(20. 58)	(8. 99)	(17. 81)
Sale	-0. 104	0. 175*	-0. 017	0. 164
	(-0. 66)	(1. 66)	(-0. 11)	(1. 49)
Lev	-0. 293	0. 051	-0. 024	0. 083
	(-0. 43)	(0. 11)	(-0. 03)	(0. 17)
Share	0. 010	0. 009	-0. 014	0. 027*
	(0. 45)	(0. 66)	(-0. 58)	(1. 88)
Dual	0. 032	-0. 200	0. 108	0. 127
	(0. 05)	(-0. 57)	(0. 16)	(0. 35)
Balance	0. 174	0. 330	-0. 145	0. 605**
	(0. 42)	(1. 15)	(-0. 32)	(2. 07)
Soe	0. 740	-0. 141	0. 147	0. 051
	(1. 54)	(-0. 36)	(0. 27)	(0. 12)
Committee	-0. 931**	-0. 164	-0. 159	-0. 087
	(-2. 46)	(-0. 77)	(-0. 43)	(-0. 38)
Reverse	-0. 512	0. 752	-0. 855	0. 888*
	(-0. 61)	(1. 59)	(-1. 18)	(1. 78)
Bigfour	0. 285	0. 992	1. 893	0. 293
	(0. 20)	(1. 16)	(1. 47)	(0. 32)
Constant	3. 915	-2. 798	0. 074	-1. 452
	(0. 58)	(-0. 73)	(0. 01)	(-0. 36)
Year	Yes	Yes	Yes	Yes

续表

变量	年度—行业均值	年度—行业中位数		
	两权分离度较高	两权分离度较低	两权分离度较高	两权分离度较低
	Premium	***Premium***	***Premium***	***Premium***
Industry	Yes	Yes	Yes	Yes
Province	Yes	Yes	Yes	Yes
$Adj.\ R^2$	0.726	0.749	0.660	0.750
F	5.227	12.689	5.094	11.433
N	102	256	134	224

注：括号内为 t 值，* 为 p < 0.1，** 为 p < 0.05，*** 为 p < 0.01。

第 3 章指出，在现有佣金条款形式下，独立财务顾问的机会主义行为主要表现为：①财务顾问抬高交易对价；②财务顾问追求交易的完结而非价值创造。第 6 章发现，独立财务顾问的声誉与协同效应正相关，而本章发现，独立财务顾问的声誉与交易溢价正相关，说明独立财务顾问的机会主义行为主要表现为上述第①项，可见声誉机制虽然可以激励独立财务顾问为上市公司创造更多价值，但尚未完善至可以约束独立财务顾问追求更高佣金的动机。

综合第 6 章和本章的结论，总体上，独立财务顾问的声誉机制有效，聘请高声誉的独立财务顾问能帮助上市公司在重组中创造更高的协同效应；然而具体到独立财务顾问的两项作用，声誉机制在监督作用中很可能是无效的，独立财务顾问为了追求更高的佣金，很可能会与上市公司（或主导重组的大股东）合谋制定较高的支付溢价，并通过“包装美化”的特长帮助重组通过审核顺利完成。

第 6 章和本章的结论并不矛盾，价值创造可能源于高声誉独立财务顾问筛选有价值标的、协助尽职调查、减小沟通与谈判中的摩擦，也可能源于加速交易进程、降低法律风险、为整合提供咨询意见等作用，因此即使重大资产重组发生在关联方之间、实质在于上市公司与大股东之间的利益转移，高声誉独立财务顾问仍然有助于降低重组过程中的交易成本，从而增加了上市公司的价值（更有可能的，是减少了价值损毁的程度）。然而，如果高声誉的独立财务顾问无助于重组的公正性，那么利益由上市公司向关联方的转移仍然意味着中小股东利益受损，不符合最大化上市公司价值的目标，如何提高声誉机制在监督作用中的有效性值得进一步研究。

7.4.3 稳健性检验

（1）自选择问题。上文中的分析建立在独立财务顾问的选择是外生的前提下，但可能存在样本选择并非随机的问题，如高声誉的独立财务顾问一般收费较高，因此规模较大或者收益较好的企业才能承受。与第 4 章、第 5 章、第 6 章相同，本章设置指标 *Rep_ before*，如果该上市公司在之前的资产重组、关联交易、股权激励等需要聘请独立财务顾问的情况下或者 IPO 时聘请过上文中的十大高声誉券商，该变量为 1，否则为 0。表 7-6 的结果显示，控制了 Inverse Mills ratio 之后，*Rep* 系数的符号、显著性与前文一致，本章结论不变。

考虑 Heckman 二阶段回归的有效性越来越受到质疑，与第 5 章、第 6 章一样，本章也采用 PSM 方法（倾向得分匹配法，Propensity Score Matching）以控制自选择问题。根据第 4 章发现的影响上市公司聘请高声誉独立财务顾问的各个变量，估计每个上市公司聘请高声誉独立财务顾问的概率，采用一对一的最邻近匹配法进行样本匹配，以匹配后的样本重新检验 H1，结果列示于表 7-6，独立财务顾问声誉仍然与溢价正相关，本章结论不变。

（2）独立财务顾问声誉的其他定义方式。前文以券商以财务顾问身份参与的并购重组数目来定义独立财务顾问声誉，与第 4 章、第 5 章、第 6 章相同，此处替换为并购规模，即以 1998—2013 年为所有中国企业为并购方的并购重组事件担任财务顾问的项目规模排名，如果上市公司聘请的券商属于前十大，代表独立财务顾问声誉的变量 *Rep* 为 1，否则为 0。另外，独立财务顾问是券商的一项业务，因此，独立财务顾问的声誉在很大程度上与券商的声誉可能是一致的，与第 4 章、第 5 章、第 6 章相同，本章也以独立财务顾问所在券商的资产规模排名前十大来定义高声誉。表 7-6 的结果显示，本章结论不变。

另外，支付对价可能会受到市净率的影响，如某些行业上市公司的市净率偏高，那么被并购方股东可能会要求更高的支付对价，本章分别以上市公司所在行业市净率的中位数和均值调整溢价，即将被解释变量分别修改为：［（交易对价-标的账面净资产）/标的账面净资产］/（行业市净率中位数-1）

和 [(交易对价-标的账面净资产) / 标的账面净资产] / (行业市净率均值-1)。表 7-6 的结果显示，本章结论不变。

(3) 控制承销商关系与行业经验。理论上，独立财务顾问的承销商关系与行业经验均可能对重大资产重组的后果产生影响，如关系的建立可能导致独立财务顾问更有能力“控制”上市公司，主导重组以有利于自身利益的方式进行 (Sleptsov et al.，2013)，行业经验的建立有助于独立财务顾问累积关于行业发展现状与前景的知识，从而可以就对价的合理性给出具有说服力的理由。与第 5 章、第 6 章一样，本章也控制承销商关系和行业经验，再检验高声誉独立财务顾问对溢价的影响。结果如表 7-6 所示，承销商关系与溢价正相关，证实了关系联结具有的负面后果，在控制了关系和行业经验后，独立财务顾问声誉仍然与溢价显著正相关，本章结论不变。

表 7-6　稳健性检验

变量	一阶段模型	二阶段模型	*PSM* 样本	以项目规模定义声誉	以资产规模定义声誉	以行业市净率中位数调整溢价	以行业市净率均值调整溢价	控制承销商关系和行业经验
	Rep	*Premium*	*Premium*	*Premium*	*Premium*	调整后 *Premium*	调整后 *Premium*	*Premium*
Rep		0.450*	0.947**	0.406*	0.548**	0.237*	0.193*	0.519**
		(1.68)	(2.35)	(1.68)	(2.28)	(1.88)	(1.72)	(2.14)
Underwriter								0.459*
								(1.83)
Ind_exper								-0.531**
								(-2.03)
Rep_before	0.413**							
	(2.47)							
Soe	-0.423**	-0.132	0.182	-0.159	-0.140	0.019	0.113	-0.218
	(-2.29)	(-0.46)	(0.37)	(-0.59)	(-0.52)	(0.13)	(0.85)	(-0.77)
Reverse		0.586	0.784	0.438	0.405	0.173	-0.086	0.498
		(1.50)	(1.36)	(1.18)	(1.09)	(0.86)	(-0.48)	(1.27)

续表

变量	一阶段模型	二阶段模型	PSM样本	以项目规模定义声誉	以资产规模定义声誉	以行业市净率中位数调整溢价	以行业市净率均值调整溢价	控制承销商关系和行业经验
	Rep	*Premium*	*Premium*	*Premium*	*Premium*	调整后*Premium*	调整后*Premium*	*Premium*
Bigfour		1.617**	2.066**	1.104*	1.173**	0.650**	0.556**	1.174**
		(2.46)	(2.15)	(1.96)	(2.09)	(2.20)	(2.11)	(2.06)
Dual		−0.099	−0.221	−0.025	−0.091	−0.125	0.126	−0.100
		(−0.33)	(−0.51)	(−0.09)	(−0.31)	(−0.82)	(0.92)	(−0.34)
Pay		4.127***	3.974***	4.117***	4.119***	2.144***	1.461***	4.096***
		(22.90)	(13.66)	(23.65)	(23.76)	(23.22)	(17.73)	(23.08)
Bookvalue		−4.370***	−4.361***	−4.293***	−4.296***	−2.269***	−1.557***	−4.326***
		(−24.52)	(−14.26)	(−25.27)	(−25.51)	(−25.14)	(−19.32)	(−24.97)
Sale	0.130**	0.090	0.107	0.106	0.085	0.068	0.039	0.084
	(2.55)	(1.09)	(0.70)	(1.34)	(1.07)	(1.60)	(1.01)	(1.02)
Lev	0.438*	−0.118	−0.444	−0.107	−0.126	−0.089	−0.198	−0.116
	(1.86)	(−0.34)	(−0.81)	(−0.32)	(−0.38)	(−0.50)	(−1.24)	(−0.34)
Share		0.003	0.023	0.004	0.005	−0.005	−0.008	0.005
		(0.30)	(1.29)	(0.34)	(0.45)	(−0.85)	(−1.52)	(0.50)
Dev	−0.534***							
	(−4.52)							
Balance		0.153	0.186	0.107	0.084	−0.026	−0.085	0.077
		(0.69)	(0.50)	(0.49)	(0.39)	(−0.23)	(−0.84)	(0.35)
Committee		−0.297*	−0.830**	−0.324**	−0.328**	−0.144*	−0.091	−0.269
		(−1.78)	(−2.56)	(−2.16)	(−2.20)	(−1.67)	(−1.18)	(−1.63)
Exper	0.460*							
	(1.93)							
First	−0.672*							
	(−1.75)							

续表

变量	一阶段模型	二阶段模型	PSM 样本	以项目规模定义声誉	以资产规模定义声誉	以行业市净率中位数调整溢价	以行业市净率均值调整溢价	控制承销商关系和行业经验
	Rep	*Premium*	*Premium*	*Premium*	*Premium*	调整后 *Premium*	调整后 *Premium*	*Premium*
Inverse Mills ratio		-2.995						
		(-1.22)						
Constant	2.132	0.852	10.018 *	0.605	1.144	-0.057	2.637	-0.195
	(0.54)	(0.29)	(1.67)	(0.17)	(0.39)	(-0.03)	(1.46)	(-0.05)
Year	Yes	Yes	Yes	Yes	Yes	Yes	Yes	Yes
Industry	Yes	Yes	Yes	Yes	Yes	Yes	Yes	Yes
Province	Yes	Yes	Yes	Yes	Yes	Yes	Yes	Yes
Pseudo R^2	0.200							
LR chi^2	102.581							
Adj. R^2		0.704	0.659	0.704	0.706	0.735	0.620	0.710
F		13.618	6.388	15.621	15.785	15.990	9.825	13.833
N	371	358	174	358	358	358	358	358

注：括号内为 t 值或 z 值，* 为 $p < 0.1$，** 为 $p < 0.05$，*** 为 $p < 0.01$。

7.5　进一步讨论：支付溢价的中介效应

第 6 章发现，高声誉独立财务顾问与会计业绩之间的正相关关系只存在于重组之后 2 期或者以上，重组之后 1 期没有发现显著的结果，本章对 H1 的检验发现独立财务顾问的声誉与支付溢价正相关。本节将以中介效应证实，较高的支付溢价相当于将上市公司的利益转移给了被并购公司的股东，会对上市公司产生不利影响，可以解释为何重组之后 1 期没有发现显著的结果，从而也证实了高溢价是利益分配与转移的不利后果，而非因为标的质量高。

本章设计了如下模型检验中介效应，其中 *Performance* 以 ΔROA 衡量。特别的，各个模型的控制变量、样本量保持一致，以采用 Sobel 检验验证中介效应的存在。

$$Performance=\beta_0+\beta_1 Premium+ControlVariables+\varepsilon \tag{7-2}$$

$$Premium=\beta_0+\beta_1 Rep+ControlVariables+\varepsilon \tag{7-3}$$

$$Performance=\beta_0+\beta_1 Rep+\beta_2 Premium+ControlVariables+\varepsilon \tag{7-4}$$

表 7-7 为中介效应的检验结果。第 2 列为第 6 章 H1 的检验结果，第 3 列至第 5 列分别对应上述模型（7-2）（7-3）（7-4）。第 3 列显示，溢价与短期协同效应负相关，第 4 列显示，独立财务顾问声誉与溢价正相关，第 5 列显示，在控制了声誉之后，溢价依然与短期协同效应负相关，而声誉依然与短期协同效应不相关。特别的，在以 ΔROA 为被解释变量的各个回归方程中，*Pay*（重组规模，以支付对价衡量）的系数均显著为正，这说明溢价与 ΔROA 之间的负相关关系并不是支付对价时现金流出的自然后果，重组规模越大，实际上更可能创造协同效应，真正导致协同效应受损的是不合理的高溢价。

表 7-7　中介效应的检验结果

变量	ΔROA	ΔROA	Premium	ΔROA
Rep	0.004		0.570**	0.008
	(0.27)		(2.32)	(0.59)
Premium		-0.008**		-0.008**
		(-2.30)		(-2.36)
Bookvalue	-0.017*	-0.050***	-4.371***	-0.051***
	(-1.70)	(-2.86)	(-24.23)	(-2.91)
Pay	0.026**	0.057***	4.130***	0.058***
	(2.48)	(3.35)	(22.76)	(3.38)
Sale	-0.006	-0.004	0.092	-0.005
	(-1.19)	(-0.96)	(1.09)	(-1.05)
Lev	-0.046**	-0.046**	-0.151	-0.047**
	(-2.31)	(-2.37)	(-0.43)	(-2.39)
Deal_ type	0.050***	0.052***	0.067	0.051***
	(3.34)	(3.45)	(0.25)	(3.40)

续表

变量	*ΔROA*	*ΔROA*	*Premium*	*ΔROA*
Share	0.000	0.000	0.003	0.000
	(0.35)	(0.36)	(0.36)	(0.41)
Dual	−0.003	−0.002	−0.114	−0.004
	(−0.19)	(−0.13)	(−0.38)	(−0.24)
Soe	0.010	0.008	−0.149	0.009
	(0.60)	(0.50)	(−0.52)	(0.53)
Reverse	0.045**	0.049**	0.565	0.050**
	(1.98)	(2.17)	(1.40)	(2.18)
Bigfour	0.023	0.034	1.505**	0.035
	(0.67)	(0.99)	(2.51)	(1.02)
Constant	−0.032	0.133	1.354	0.154
	(−0.14)	(0.64)	(0.33)	(0.73)
Year	Yes	Yes	Yes	Yes
Industry	Yes	Yes	Yes	Yes
Province	Yes	Yes	Yes	Yes
Adj. R^2	0.123	0.139	0.700	0.137
F	1.770	1.882	13.714	1.854
N	299	299	299	299

注：括号内为t值，*为 $p<0.1$，**为 $p<0.05$，***为 $p<0.01$。限于交易成功的样本。

参考温日光（2015）、张三保、张志学（2012）、周春梅（2009）等文献，采用Sobel检验验证中介效应。Sobel检验的结果为−1.689（Z值），在10%水平上显著，验证了中介效应的存在。也有学者提出，Sobel检验存在一定的弊端，即a＊b（a为自变量对中介变量的回归系数，b为控制自变量后中介变量对因变量的回归系数）事实上并不满足正态分布的假设，因此本章还采用Preacher和Hayes（2004）、陈瑞等（2013）的做法，采用Bootstrap方法检验中介效应。结果显示，95%置信区间为［−0.008，−0.001］，不包括0，说明间接效应显著。

上述结果说明，聘请高声誉的独立财务顾问意味着上市公司可能会支付更高的溢价，而这会损害上市公司的短期价值，一正一负的影响造成了独立财务顾问声誉与短期协同效应不显著相关的结果。上述结果也说明上市公司支付高溢价并非是因为这些重大资产重组的标的质量更高，或者可能创造更高的协同效应，而仅仅是协同效应分配的不利后果，上市公司的利益因此受损。

需要说明的是，按照 Shrout 和 Bolger（2002）、MacKinnon 等（2002）、温忠麟、叶宝娟（2014）等文献的观点，上述中介效应应该被称为“遮掩效应”（Suppressing effect），与中介效应正好相反，即 X 对 M（中介变量）、M 对 Y 的影响大小相近但符号相反，使得 X 对 Y 的总效应不显著（表 7-7 第二列的结果）。至于应当以中介效应还是遮掩效应立论，就在于 X 对 Y 的总效应是否显著。虽然中介效应和遮掩效应的含义并不同，本书遵循这些文献的做法，仍然采用中介效应这个名称。

7.6 本章结论

本章首先以谈判中的优势解释了独立财务顾问交易作用对重组定价的影响，以约束利益向关联方的转移解释了独立财务顾问监督作用对重组定价的影响，然后分析了声誉机制有效性在上述影响中的作用。如果独立财务顾问与上市公司的利益一致，应当为上市公司争取更高的价值分配，那么声誉越高，上市公司支付的溢价应当越低，从而在协同调效应中分配的份额应当越高，但如果高声誉的独立财务顾问主要追求自身的短期利益，则很可能与大股东合谋制定一个较高的价格，以增加卖方董事会接受交易的可能性，并增加自身佣金的规模。

以 2006—2013 年 A 股非金融行业上市公司重大资产重组事件为样本，本章发现，独立财务顾问声誉越高，交易溢价越高，说明声誉机制尚不足以约束独立财务顾问通过抬高支付对价追求更高佣金的机会主义动机，聘请高声誉的独立财务顾问反而会导致利益由上市公司转移至交易对方（在很多情况下是上市公司的大股东）。考虑超过 80%重大资产重组发生在关联方之间的现实背景，双方谈判中的博弈应当不是决定溢价的主要原因，高溢价主要源于主导重组的大股东追求私利的动机，并且实证检验发现独立财务顾问声誉与溢价之间的负相关关系只存在于两权分离度较高的上市公司之中，可见高溢价主要体现了声誉机制在监督作用之中的无效性。

综合第 6 章和本章的结论，总体上，独立财务顾问的声誉机制有效，聘请高声誉的独立财务顾问能帮助上市公司在重组中创造更高的协同效应；然而具体到独立财务顾问的两项作用，声誉机制在监督作用中很可能是无效的，独立财务顾问为了追求更高的佣金，很可能会与上市公司（大股东）合谋制定较高的支付溢价，并通过“包装美化”的特长帮助重组通过审核顺利完成。

声誉机制只对独立财务顾问的交易作用有效，而在监督作用中很可能是无效的，这说明独立财务顾问交易作用和监督作用内生冲突的后果在于监督作用而不是交易作用“被牺牲”，除了第 3 章提出的交易作用与监督作用内生的冲突性、不针对监督作用单独收费、缺乏明确的标准评价监督作用的效果之外，更深层次的原因可能有三点：

第一，声誉的形成与监督作用没有直接关系。评价财务顾问声誉的标准是其市场份额，这是学界和业界的共识，而不论市场份额具体指的是业务的数量还是规模，都是独立财务顾问交易作用和能力的体现，与其监督作用没有直接关系，在整个市场并未充分关注并购长期价值与交易公正性的当下，监督作用更像是“附加”给独立财务顾问和上市公司的不得不履行的义务，沦为一种形式也在情理之中。

第二，在监督作用中声誉机制不满足前提条件的约束。根据第 3 章的分析，声誉机制发挥功能的第二项前提条件在于，损害声誉的行为会被识别、并使得独立财务顾问受到市场份额受损的惩罚。重组的失败会对独立财务顾问的声誉产生不利影响，但是第 5 章就大股东掏空嫌疑的分组检验显示，没有证据支持监督作用会影响重组的速度和成功率，也就是说，高质量的监督作用可能不是维护声誉资本所必需的。事实上，监督作用的有效性需要一个较长的过程才能反映出来，除了极少数明显的不公正交易（如股东大会投票否决了溢价过高的并购议案），其余交易是否公正并不容易被投资者、证监会等外部人准确判断，也就是说，无效的监督作用并不容易被识别，自然也就很难被施加惩罚。现实背景不满足上述第二项前提条件，因此声誉机制在监督作用中很可能是无效的。

第三，监督作用不是上市公司的需求。不同于美国董事会聘请投行提供公平意见以作为善管义务的体现，独立财务顾问提供监督作用是应证监会的强制要求，并不是上市公司或上市公司利益相关者的需求。对于公司治理机制还未完善的国内上市公司，大股东控制与掏空上市公司是普遍现象，在信息披露机制未臻完善、其他监管机制也还不发达的当下，上市公司并不具有主动寻求被监管的动机，这也就使得上市公司对独立财务顾问的需求主要在于其交易作用而非监督作用（第 4 章表 4-6 的结果支持了此推论），因此独立财务顾问也不会有动机提供高质量的监督作用。

本章在文献上的价值体现在：第一，同时在交易作用和监督作用的角度分析了独立财务顾问对交易溢价的影响，因此本章同时是对 Rau（2000）、Ismail（2010）、Golubov 等（2012）等关于财务顾问及 Makhija 和 Narayanan（2007）、Kisgen 等（2009）、Chen（2010）等关于公平意见文献的补充；第二，本章讨论了在声誉机制无效的情况下，独立财务顾问机会主义行为对交易溢价的影响，因此补充了 Porrini（2006）、Golubov 等（2012）等文献在讨论交易溢价时理论分析上的不足；第三，本章通过声誉的内涵、约束条件和上市公司的需求等原因深入分析了业务冲突会造成监督作用而非交易作用“被牺牲”的原因，Makhija 和 Narayanan（2007）、Kisgen 等（2009）、Chen（2010）等文献在讨论担任财务顾问的投行同时提供公平意见服务时，尽管在理论分析中提及业务之间的冲突，但限于研究问题，并没有就冲突对两类服务的不同影响给出解释，因此本章的分析有助于深化对业务内生冲突下独立财务顾问作用后果的认识。

第8章　研究结论

8.1　研究结论

为研究独立财务顾问声誉机制对上市公司的聘请决策及重大资产重组后果的影响，本书首先建立了一个关于声誉机制影响独立财务顾问与上市公司之间代理冲突的理论框架。与上市公司之间的代理冲突会导致独立财务顾问的机会主义行为，表现为：①独立财务顾问试图说服上市公司接受一个较高的对价；②独立财务顾问追求交易的完结而非价值创造。本书具体地分析了代理冲突在独立财务顾问交易作用与监督作用之中的表现。之后本书明确声誉作为一种约束代理冲突的治理机制的作用，并以经济学文献为依据总结声誉机制的形成路径和作用方式，以及声誉机制发挥功能的两项前提条件。基于上述理分析和我国的现实背景，本书提出，嵌入我国现实背景中的声誉机制是否有效具有很大的不确定性。受到声誉机制是否有效的影响，独立财务顾问的行为动机有两种可能：如果声誉机制能够发挥功能，那么独立财务顾问的行为将主要受到维护声誉资本动机的激励，声誉能够缓解独立财务顾问与上市公司之间的代理冲突，应当在高声誉独立财务顾问的动机在于提供高质量服务、为上市公司创造价值的前提下分析其行为；但如果声誉机制不能发挥功能，那么高声誉独立财务顾问的行为仍然主要受到最大化自身利益动机的驱使，追求重组的完成而不顾上市公司是否因重组增值，或者偏好更高的支付对价以获得更多佣金，而无助于监督重组的公正性，应当在代理冲突的前提下分析其行为。上述框架同时适用于分析高声誉独立财务顾问的交易作用与监督作用。

本书的研究问题在于：独立财务顾问声誉机制对上市公司聘请决策以及重组各方面后果的影响。声誉机制的作用首先应当体现在影响上市公司的决策上，之后才是对重大资产重组的各项后果产生影响。但是根据本书的分析，独立财务顾问对上市公司聘请决策及完成重组的影响并不受到声誉机制是否有效的约束，考虑到现实中重大资产重组很可能是由大股东主导，只要高声誉独立财务顾问具有按照流程协助完成重组的能力，且有助于重组通过股东大会和证监会的审核，上市公司或者主导重组的大股东仍然会出于完成重组的目的聘请高声誉的独立财务顾问，且高声誉的独立财务顾问仍然有助于重组的顺利完成。但是，声誉机制的有效性会体现在对重组协同效应和重组溢价的影响之中，如果独立财务顾问的行为动机主要受到代理冲突的影响，那么会对重组的协同效应产生不利影响，且无助于上市公司通过支付较低的溢价在重组中获得更多的价值分配。

本书第 4 章讨论了声誉机制对上市公司聘请独立财务顾问决策的影响，然后在第 5 章、第 6 章、第 7 章分别检验了声誉机制对完成重组、重组协同效应和重组定价这三方面重组后果的影响。在每一章的理论分析与实证检验中，本书同时考察了声誉机制对独立财务顾问交易作用和监督作用的影响。本书的主要研究内容和结论包括：

（1）独立财务顾问的交易作用有助于降低重组中的交易成本，提高重组的经济性。重组中的交易成本主要表现在，第一，上市公司与标的之间存在信息不对称，造成对标的选择、估价与整合存在风险；第二，重组过程中会发生沟通、协商、谈判，双方都需要付出金钱和时间。而独立财务顾问在降低（寻找标的过程中的）信息搜寻成本、降低标的与并购方之间的信息不对称、降低交易过程中的协商与谈判成本中均能发挥作用。通过高质量的交易作用，高声誉的独立财务顾问应当在降低交易成本上有更好的表现，上市公司会因此聘请高声誉的独立财务顾问。然而，上市公司的上述聘请动机并不受到声誉机制是否有效的约束。如果主导重组的大股东希望通过重大资产重组实现利益的转移，上市公司（或者主导重组的大股东）并不需要独立财务顾问有更强的筛选标的能力或者更强的谈判技能，而只需要独立财务顾问协助将重组顺利、快速地完成，那么只要高声誉的独立财务顾问具有更高的完成重组的能力（比如熟知证监会的规定和各项法律风险、熟悉并购的流程以及信息披露的规范等），上市公司仍然会需要高声誉独立财务顾问降低交易成本的作用。

独立财务顾问的监督作用有助于认证重组的公正性，向外界传递公正交易的信号。依据《上市公司并购重组财务顾问业务管理办法》和《上市公司重大资产重组管理办法》的规定，独立财务顾问需要履行监督作用，保障重大资产重组的出发点在于上市公司的可持续发展，且在筹划与实施交易中不会损害中小股东的利益。因此，上市公司认证重大资产重组公正性的动机越强，就越可能聘请高声誉的独立财务顾问，以向包括中小股东在内的投资者及证监会传递公正交易的信号。然而，上市公司的上述聘请动机并不受到声誉机制是否有效的约束。如果重大资产重组的目的确实在于利益的转移，主导重组的大股东最看重的就是议案要通过股东大会和证监会的审核，那么只要高声誉独立财务顾问认证交易公正性的“形象”存在，或者具有“包装美化”的特长，不论声誉机制是否实质上有效，上市公司（或者具有主导权的大股东）都会聘请高声誉的财务顾问，以其监督作用为重组通过审核“保驾护航”。

第 4 章的实证结果显示，重组复杂度越高，或者大股东掏空嫌疑越高，上市公司越可能聘请高声誉的独立财务顾问，且交易作用是上市公司聘请高声誉独立财务顾问的主要出发点。上述关系只存在于成立时间较短的年轻上市公司之中。但由于上述聘请动机不受声誉机制是否有效的约束，第 4 章的结果只能证实上市公司的聘请动机会受到声誉机制的影响，而无法证实高声誉的独立财务顾问是否提供了更高质量的交易作用或者监督作用。

（2）独立财务顾问声誉机制对重组后果的影响可以分为完成重组完成、重组协同效应、重组定价三个维度，第 5 章、第 6 章、第 7 章依次讨论了这三个问题。对于重组完成的影响，一方面，停牌日到首次宣告日之间的时间可以反映发起交易、双方确认关键交易条款的速度，重组失败率主要包括上市公司董事会主动撤回重组和证监会审核不通过重组，因此主要体现独立财务顾问交易作用；另一方面，首次宣告日到通过证监会审核之间的时间可以反映股东大会审议和证监会审核的速度，审核失败率指重组没有通过证监会审核的概率，主要体现独立财务顾问监督作用所产生的认证效应。独立财务顾问的声誉越高，理应提供更高质量的交易和监督作用，因此在提高重组速度和完成率上有更好的表现。但是，和上市公司的聘请动机类似，独立财务顾问交易作用和监督作用对重组完成的影响也不受声誉机制是否有效的约束。对于交易作用，无论独立财务顾问的动机在于自身的利益还是为并购公司创造价值，交易成功、快速地完成都符合其利益，独立财务顾问需要成功的交易来获取佣金，上市公司需要成功的交易来实现并购的目标，独立财务顾问与上市公司一致都会追求重组的顺利完成；对于监督作用，不管独立财务顾问是事实上监督了交易的公正性，还是为出于完结重组的目的为不公正的重组也出具了公正的评价意见，只要高声誉独立财务顾问独立性的“形象”存在，可以向包括中小股东在内的投资者、证监会传递公正交易的信号，其监督作用都有提高重组效率的作用。

第 5 章的实证结果显示：高声誉独立财务顾问具有缩短协商耗时、降低重组失败率的作用，通过对交易双方行业相关性的分组检验发现，降低交易成本是上述作用背后的机制；高声誉的独立财务顾问也具有缩短审核耗时、降低审核失败率的作用，但是分组检验并没有发现认证交易公正性是上述作用背后的机制，反而同样支持了降低交易成本的观点。上述分组检验的结果并非意味着股东大会和证监会在审核重组时关注交易的经济性而忽视公正性，而可能是因为中小股东、证监会了解上市公司（或者主导重组的大股东）与独立财务顾问之间可能存在着“合谋”关系，因此并不认可高声誉独立财务顾问具有更高独立性的实质。虽然第 4 章发现上市公司会在大股东掏空嫌疑较高的情况下聘请高声誉的独立财务顾问，但第 5 章的结果意味着在代理冲突的影响下，高声誉独立财务顾问的监督作用并没有得到中小股东和证监会的认可，其监督作用可能沦为了一种形式。综上所述，高声誉独立财务顾问主要因其交易作用而有助于重组的顺利完成。

（3）无论是独立财务顾问的交易作用还是监督作用，最终都应当体现为帮助上市公司创造了更高的协同效应，因此声誉机制的有效性只有通过价值检验才能反映。在声誉机制有效的前提下，高声誉一方面意味着独立财务顾问有更多的经验积累，另一方面也意味着独立财务顾问对自身机会主义行为的约束，在提供服务时以上市公司的利益为重，并会在认证交易公正性时避免虚假信息对自身声誉的损害。因此不论是交易作用对重组经济性的影响还是监督作用对重组公正性的影响，最终都应当体现为声誉对协同效应创造的作用。但如果声誉机制不足以约束独立财务顾问的机会主义行为，高声誉的财务顾问在提供交易作用时可能更重视交易的“量”而不是“质”，更重视交易的完成而不顾交易是否能创造价值，在提供监督作用时可能会为不公正的交易也出具公正意见，或者发挥“美化包装”的特长将不公正的交易伪装成公正交易，因此即使最终通过了证监会的审核，可能重组的根本动机不在于创造价值，而在于利益主体之间的利益转移。高声誉的独立财务顾问是否有助于重组中上市公司的增值是不确定的。

第 6 章的实证结果显示：不论以股票业绩还是会计业绩衡量协同效应，声誉都与价值创造正相关，说明聘请高声誉的独立财务顾问有助于上市公司的增值，支持了声誉机制的有效性。该结果说明，虽然独立财务顾问两项业务之间可能存在着内生的冲突性，但整体上高声誉的独立财务顾问仍然能够为上市公司创造更高的价值，聘请高声誉独立财务顾问的决策是符合最大化股东价值的目标的。基于重组复杂度和大股东掏空嫌疑的分组结果显示，相比监督作用，独立财务顾问的交易作用更可能是解释声誉影响价值创造的主要机制。声誉机制在交易作用中的有效性大体得到验证，而在监督作用中是否有效还需进一步证据。

（4）除了协同效应创造，价值如何分配也会影响并购方的股东价值。文献一般以交易对价来研究并购双方之间的价值分配。如果高声誉的独立财务顾问以上市公司的利益为重，那么应当在谈判中为并购公司争取更有利的对价条款，且具有更高的独立性，遏制可能的大股东掏空行为，实质上维护交易的公正性，因此会约束上市公司向关联方支付过高溢价的可能性。但如果高声誉的独立财务顾问主要追求自身的短期利益，为了保证交易尽快完成获得佣金，且偏好更高的支付对价以获得更多的佣金，独立财务顾问不太可能在谈判中为上市公司争取更低的支付对价，反而可能为不公正的重组也出具公正意见，或者发挥“包装美化”的作用去保障不公正的重组通过股东大会决议和证监会的审核。因此和重组协同效应一样，声誉机制对重组定价的影响也受到声誉机制有效性的约束。

第7章的实证结果显示：独立财务顾问声誉越高，交易溢价反而越高，说明声誉机制尚不足以约束独立财务顾问通过抬高支付对价追求更高佣金的机会主义动机，聘请高声誉的独立财务顾问反而会导致利益由上市公司转移至交易对方（在很多情况下是上市公司的大股东）。中介效应检验发现，高溢价导致了重组后一年更差的会计业绩，说明高溢价并不是因为标的质量高，而只是利益分配的不利后果。上述结果说明，在价值分配的角度，独立财务顾问的声誉机制很可能是无效的，高声誉的独立财务顾问出于追求更高佣金的原因不会约束上市公司支付高溢价的行为。考虑到超过80%重大资产重组发生在关联方之间的现实背景，双方谈判中的博弈应当不是决定溢价的主要原因，也就是说，独立财务顾问的交易作用不太能在约束高溢价中发挥作用，高溢价主要源于主导重组的大股东追求私利的动机，并且实证检验发现，独立财务顾问声誉与溢价之间的正相关关系只存在于两权分离度较高的上市公司之中，可见高溢价主要体现了声誉机制在监督作用之中的无效性。

（5）总结第4章、第5章、第6章、第7章的结论，声誉机制会影响上市公司聘请独立财务顾问的决策，并会对重组的速度、成功率产生影响，高声誉的独立财务顾问有助于重组协同效应的创造，但无助于上市公司支付低溢价从而在协同效应中分配到更多的份额。说明总体上，独立财务顾问的声誉机制有效，但具体到独立财务顾问的交易作用与监督作用，声誉机制只对交易作用有效，而在监督作用中很可能是无效的。

独立财务顾问两项业务之间内生冲突性的后果是监督作用的缺位，究其原因，除了第3章提出的交易作用与监督作用内生的冲突性、不针对监督作用单独收费、缺乏明确的标准评价监督作用的效果之外，更深层次的原因可能有三点。

第一，声誉的形成与监督作用没有直接关系。评价财务顾问声誉的标准是其市场份额，这是学界和业界的共识，而不论市场份额具体指的是业务的数量还是规模，都是独立财务顾问交易作用和能力的体现，与其监督作用没有直接关系，在整个市场并未充分关注并购长期价值与交易公正性的当下，监督作用更像是“附加”给独立财务顾问和上市公司的不得不履行的义务，沦为一种形式也在情理之中。

第二，在监督作用中声誉机制不满足前提条件的约束。根据第 3 章的分析，声誉机制发挥功能的第二项前提条件在于，损害声誉的行为会被识别、并使得独立财务顾问受到市场份额受损的惩罚。重组的失败会对独立财务顾问的声誉产生不利影响，但是第 5 章就大股东掏空嫌疑的分组检验显示，没有证据支持监督作用会影响重组的速度和成功率，也就是说，高质量的监督作用可能不是维护声誉资本所必须的。事实上，监督作用的有效性需要一个较长的过程才能反映出来，除了极少数明显的不公正交易（如股东大会投票否决了溢价过高的并购议案），其余交易是否公正并不容易被投资者、证监会等外部人准确判断，也就是说，无效的监督作用并不容易被识别，自然也就很难被施加惩罚。现实背景不满足上述第二项前提条件，因此声誉机制在监督作用中很可能是无效的。

第三，监督作用不是上市公司的需求。不同于美国董事会聘请投行提供公平意见作为善管义务的体现，独立财务顾问提供监督作用是应证监会的强制要求，并不是上市公司或上市公司利益相关者的需求，对于公司治理机制还未完善的国内上市公司，大股东控制与掏空上市公司是普遍现象，在信息披露机制未臻完善、其他监管机制也还不发达的当下，上市公司并不具有主动寻求被监管的动机，这也就使得上市公司对独立财务顾问的需求主要在于其交易作用而非监督作用（第 4 章表 4-6 的结果支持了此推论），因此独立财务顾问也不会有动机提供高质量的监督作用。

8.2　研究启示

首先，虽然独立财务顾问的声誉机制在总体上是有效的，但是第 7 章的结论没有支持声誉机制能够保障监督作用的有效性，说明声誉机制仍然不够完善。按照声誉发挥功能的两项前提条件，即财务顾问要认同声誉对未来收益的影响、财务顾问的机会主义行为会受到市场份额受损的惩罚，本书对此的政策与实践建议在于，一是应当稳定财务顾问对政策的预期，结合《上市公司并购重组财务顾问业务管理办法》与并购重组审核通道制中对财务顾问的具体要求，出台综合性的指导文件，使得财务顾问形成在可预见的未来不需要调整业务模式的预期，从而重视构建与维护声誉资本。二是媒体能够协助监管方发现财务顾问的违规违法行为，其监督作用应当被鼓励和发展，并且，媒体还能起到向中小投资者传递信息的作用，在一定程度上弥补信息披露不完全造成投资者无法识别财务顾问动机的缺陷。三是监管层面应当加大对财务顾问违法违规行为的处罚力度，并且强化相关信息的公示，在声誉机制未完善的当下，这样的正式制度能够起到约束财务顾问机会主义行为的作用。

其次，声誉机制不足以约束独立财务顾问在监督作用中的机会主义行为，另一个原因也在于交易与监督作用之间内生的冲突性放大了独立财务顾问与上市公司的代理冲突，不利于维持实质上的独立立场，这意味着独立财务顾问业务范围的设定是否合理、政策强制规定下的监督作用是否有效还需要进一步论证。另外，独立财务顾问报告中清楚地列示了免责声明，一般的格式为，“独立财务顾问提醒投资者注意，本报告书不构成对XX公司的任何投资建议，对投资者根据本报告书所作出的任何投资决策可能产生的风险，独立财务顾问不承担任何责任”，这明显与通过独立财务顾问制度维护中小股东利益的监管目标相违背，比如，上市公司披露了虚假信息而独立财务顾问仍然就信息的真实性出具了肯定意见，或者重组在事后被发现是大股东利益转移的手段但独立财务顾问出具了重组公正的评价意见，如果投资者因此遭受了损失，独立财务顾问是否应当受到惩罚或者赔偿损失？总体上，是否应当加大独立财务顾问的法律责任？设置更具体的评价监督作用的指标？这是否有利于缓解独立财务顾问业务内生性造成的冲突，并有利于约束独立财务顾问的机会主义行为？上述问题值得未来研究做进一步讨论。

8.3　研究局限与展望

尽管本书取得了一些研究结论，也在一定程度上具有文献与实践上的意义，仍在一些方向有待完善与改进。

第一，本书研究的对象是重大资产重组中的独立财务顾问，本书的结论是否能拓展到一般并购中的财务顾问仍需检验，因为一般并购受到的政策约束较少，信息披露的要求也较少，财务顾问可能能够更加灵活地开展业务创新，也可以将更多的精力放在业务本身。本书根据代理理论、声誉理论构建的理论框架同样适用于并购中的独立财务顾问或财务顾问，未来就一般并购得到的研究结论可能会具有更显著的现实意义。

第二，本书关注的主体是独立财务顾问和上市公司，因此对投资者的宣告日市场反应未作深入分析。但国内的资本市场未发展完善、投资者还不成熟等现实背景应当会影响投资者反应的有效性，投资者对于独立财务顾问声誉的反应究竟在多大程度上是声誉影响重组协同效应的体现还需要进一步验证。此外，投资者对独立财务顾问声誉产生反应的根本原因在于与此相关的并购前景、未来现金流，未来也可以进一步关注投资者对声誉的认同度来自独立财务顾问服务的哪些具体方面。

第三，限于数据的原因，本书无法对财务顾问的佣金做直接检验。在《公开发行证券的公司信息披露内容与格式准则第 2 号——年度报告的内容与格式》的 2003 年及 2007 年修订版中，未要求上市公司披露财务顾问的佣金，仅在 2012 年及 2013 年修订版中，才要求上市公司披露（第三十三条）。但笔者在检索数据时发现，基本上只有 2013 年才有相关数据披露（还不是全部 2013 年的样本）。因此，在本书 2006—2013 年的样本区间，最多只有 2013 年一年的财务顾问佣金数据。未来通过持续地搜集数据、扩大样本时间区间，独立财务顾问佣金与其代理问题、服务质量之间的关系可以得到检验。

第四，本书以停牌日到首次宣告日之间的时间衡量独立财务顾问交易作用对提升重组效率的影响，但是并没有明确的信息可以证实在停牌日当大重组进行到了什么阶段，有可能只是重组双方初步达成了交易的意向，也有可能交易合同中的关键条款已经被确定，虽然独立财务顾问的交易作用仍然会在停牌之后双方谈判、确定完整合同、协调各方利益等事项中起作用，但就交易作用整体上对重组效率的影响，可能体现在每一个重大资产重组样本上的程度并不同。在没有更好指标的情况下，本书仍然采用了此次优的指标。未来可以考虑以问卷的方式获取更准确的信息，且可以进一步明确独立财务顾问或财务顾问究竟在多大程度上介入并购。

参考文献

[1] 陈泽艺，李常青，魏志华．媒体负面报道影响并购成败吗——来自上市公司重大资产重组的经验证据［J］．南开管理评论，2017（1）：96-107.

[2] 陈国进，林辉，王磊．公司治理、声誉机制和上市公司违法违规行为分析［J］．南开管理评论，2005（6）：35-40.

[3] 陈骏，徐玉德．并购重组是掏空还是支持——基于资产评估视角的经验研究［J］．财贸经济，2012（9）：76-84.

[4] 陈瑞，郑毓煌，刘文静．中介效应分析：原理、程序、Bootstrap 方法及其应用［J］．营销科学学报，2013（4）：120-135.

[5] 陈仕华，姜广省，卢昌崇．董事联结、目标公司选择与并购绩效——基于并购双方之间信息不对称的研究视角［J］．管理世界，2013（12）：117-132.

[6] 陈旭东，曾春华，杨兴全．终极控制人两权分离、多元化并购与公司并购绩效［J］．经济管理，2013（12）：23-31.

[7] 陈玉罡，陈文婷．投资者保护制度、控制权市场与劣质并购［J］．中山大学学报（社会科学版），2011（6）：200-210.

[8] 陈玉罡，陈文婷，李善民．并购能降低目标公司的掏空行为吗？［J］．管理科学学报，2013（12）：57-67.

[9] 戴亦一，潘越，陈静．双重保荐声誉、社会诚信与 IPO 过会［J］．金融研究，2014（6）：146-161.

[10] 邓建平，曾勇，何佳．关联并购重组：根源与后果［J］．管理学报，2011（8）：1238-1246.

[11] 郭泓，赵震宇．承销商声誉对 IPO 公司定价，初始和长期回报影响实证研究［J］．管理世界，2006（3）：122-128.

[12] 黄春铃．证券监管效率和承销商声誉——基于南方证券“麦科特事件”的案例研究［J］．管理世界，2005（7）：129-138.

[13] 黄春铃，陈峥嵘．IPO 市场承销商声誉机制的形成机理及实证检验［J］．证券市场导

报，2007（2）：19-25.

[14] 黄海杰，吕长江，丁慧．独立董事声誉与盈余质量——会计专业独董的视角［J］．管理世界，2016（3）：128-143.

[15] 黄亮华，谢德仁．核准制下 IPO 市场寻租研究——基于发审委员和承销商灰色关联视角［J］．中国工业经济，2016（3）：20-35.

[16] 李维安，吴德胜，徐皓．网上交易中的声誉机制：来自淘宝网的证据［J］．南开管理评论，2007（5）：36-46.

[17] 李增泉，余谦，王晓坤．掏空、支持与并购重组——来自我国上市公司的经验证据［J］．经济研究，2005（1）：95-105.

[18] 梁上坤，陈冬华．大股东会侵犯管理层利益吗？——来自资金占用与管理层人员变更的经验证据［J］．金融研究，2015（3）：192-206.

[19] 刘春，李善民，孙亮．独立董事具有咨询功能吗？——异地独董在异地并购中功能的经验研究［J］．管理世界，2015（3）：124-136.

[20] 刘银国，焦健，张琛．股利政策、自由现金流与过度投资——基于公司治理机制的考察［J］．南开管理评论，2015（4）：139-150.

[21] 毛雅娟，李善民．管理者持股能缓解代理冲突引发的公司并购行为吗［J］．学术研究，2013（6）：60-68.

[22] 宁文昕．基于现行保荐制度下创业板股票发行监管的博弈分析［J］．山东大学学报哲学社会科学版，2012（2）：45-52.

[23] 邵新建，薛熠，江萍，赵映雪，郑文才．投资者情绪、承销商定价与 IPO 新股回报率［J］．金融研究，2013（4）：127-141.

[24] 孙轶，武常岐．企业并购中的风险控制：专业咨询机构的作用［J］．南开管理评论，2012（4）：4-14.

[25] 唐跃军，宋渊洋，金立印，左晶晶．控股股东卷入、两权偏离与营销战略风格——基于第二类代理问题和终极控制权理论的视角［J］．管理世界，2012（2）：82-95.

[26] 万丛颖，郭进．基于企业规模调节效应的股权结构对并购绩效的影响——来自沪深 A 股市场的经验证据［J］．金融研究，2009（9）：123-134.

[27] 王潇炜，顾桂定．重大资产重组中是否存在基金内幕交易？——基于基金持股数据的 FDR 分析［J］．经济管理，2015（8）：99-108.

[28] 温日光．风险观念、并购溢价与并购完成率［J］．金融研究，2015（8）：191-206.

[29] 温忠麟，叶宝娟．中介效应分析：方法和模型发展［J］．心理科学进展，2014（5）：731-745.

[30] 徐浩萍，罗炜．投资银行声誉机制有效性——执业质量与市场份额双重视角的研究［J］．经济研究，2007（2）：124-136.

[31] 许荣，蒋庆欣，李星汉．信息不对称程度增加是否有助于投行声誉功能发挥？——基于中国创业板制度实施的证据［J］．金融研究，2013（7）：166-179.

[32] 杨道广，张传财，陈汉文．内部控制、并购整合能力与并购业绩——来自我国上市公司的经验证据［J］．审计研究，2014（3）：43-50.

[33] 于江，张秋生，王逸．并购失败原因研究——基于终极控股股东利益攫取的视角［J］．证券市场导报，2014（11）：21-28.

[34] 于李胜，王艳艳，陈泽云．信息中介是否具有经济附加价值？——理论与经验证据［J］．管理世界，2008（7）：134-144.

[35] 俞颖．主承销商声誉与IPO抑价关系的实证研究［J］．西安电子科技大学学报（社会科学版），2005（1）：50-54.

[36] 张洽，袁天荣．CEO权力、私有收益与并购动因——基于我国上市公司的实证研究［J］．财经研究，2013（4）：101-110.

[37] 张强，张宝．IPO发行成本与中介机构声誉——来自中国创业板市场的证据［J］．证券市场导报，2011（12）：4-10.

[38] 张三保，张志学．区域制度差异、CEO管理自主权与企业风险承担——中国30省高技术产业的证据［J］．管理世界，2012（4）：101-114.

[39] 张维迎．博弈论与信息经济学［M］．上海：上海人民出版社，2004.

[40] 张文红，张骁，翁智明．制造企业如何获得服务创新的知识？——服务中介机构的作用［J］．管理世界，2010（10）：122-134.

[41] 赵息，张西栓．内部控制、高管权力与并购绩效——来自中国证券市场的经验证据［J］．南开管理评论，2013（2）：75-81.

[42] 周春梅．盈余质量对资本配置效率的影响及作用机理．南开管理评论，2009（5）：109-117.

[43] Agrawal A, Cooper T, Lian Q, Wang Q, 2013, Common Advisors in Mergers and Acquisitions: Determinants and Consequences, SSRN working paper.

[44] Agrawal R, Reddy K S, Nangia V K, 2012, Corporate Mergers and Financial Performance:

A New Assessment of Indian Cases, Nankai Business Review International, 4 (2), pp. 107-129.

[45] Ahern K R, Sosyura D, 2014, Who Writes the News? Corporate Press Releases during Merger Negotiations, The Journal of Finance, 69 (1), pp. 241-291.

[46] Akerlof G A, 1970, The Market for Lemons: Quality Uncertainty and the Market Mechanism, The Quarterly Journal of Economics, 84 (3), pp. 488-500.

[47] Allen F, 1984, Reputation and Product Quality, Rand Journal of Economics, 15 (3), pp. 311-327.

[48] Anand J, Singh H, 1997, Asset Redeployment, Acquisitions and Corporate Strategy in Declining Industries, Strategic Management Journal, 18 (S1), pp. 99-118.

[49] Arikan A M, Mcgahan A M, 2010, The Development of Capabilities in New Firms, Strategic Management Journal, 31 (1), pp. 1-18.

[50] Balakrishnan S, 1988, The Prognostics of Diversifying Acquisitions, Strategic Management Journal, 9 (2), pp. 185-196.

[51] Bao J, Edmans A, 2011, Do Investment Banks Matter for M&A Returns? Review of Financial Studies, 24 (7), pp. 2286-2315.

[52] Benston G J, Smith C W, 1976, A Transactions Cost Approach to The Theory of Financial Intermediation, The Journal of Finance, 31 (2), pp. 215-231.

[53] Bodnaruk A, Massa M, Simonov A, 2009, Investment Banks as Insiders and the Market for Corporate Control, Review of Financial Studies, 22 (12), pp. 4989-5026.

[54] Boeh K K, 2011, Contracting Costs and Information Asymmetry Reduction in Cross-Border M&A, Journal of Management Studies, 48 (3), pp. 568-590.

[55] Bowers H M, Latham W R, 2004, Value of Fairness Opinions in Us Mergers and Acquisitions, 1980-2002, SSRN working paper.

[56] Bowers H M, Miller R E, 1990, Choice of Investment Banker and Shareholders' Wealth of Firms Involved in Acquisitions, Financial Management, 19 (4), pp. 34-44.

[57] Brown M, Falk A, Fehr E, 2004, Relational Contracts and the Nature of Market Interactions, Econometrica, 72 (3), pp. 747-780.

[58] Cain M D, Denis D J, 2013, Information Production by Investment Banks: Evidence from Fairness Opinions, Journal of Law & Economics, 56 (1), pp. 245-280.

[59] Calomiris C W, Hitscherich D M, 2007, Banker Fees and Acquisition Premia for Targets in Cash Tender Offers: Challenges to the Popular Wisdom on Banker Conflicts, Journal of Empirical Legal Studies, 4 (4), pp. 909–938.

[60] Carter R, Manaster S, 1990, Initial Public Offerings and Underwriter Reputation, The Journal of Finance, 45 (4), pp. 1045–1067.

[61] Carter R B, Dark F H, Singh A K, 1998, Underwriter Reputation, Initial Returns, and the Long-Run Performance of IPO Stocks, Journal of Finance, 53 (1), pp. 285–311.

[62] Chahine S, Ismail A, 2009, Premium, Merger Fees and the Choice of Investment Banks: A Simultaneous Analysis, Quarterly Review of Economics & Finance, 49 (2), pp. 159–177.

[63] Chang X, Shekhar C, Tam L H K, Yao J, 2016, Industry Expertise, Information Leakage and the Choice of M&A Advisors, Journal of Business Finance & Accounting, 43 (1–2), pp. 191 - 225.

[64] Chemmanur T J, Fulghieri P, 1994, Investment Bank Reputation, Information Production, and Financial Intermediation, The Journal of Finance, 49 (1), pp. 57–79.

[65] Chen L H, 2010, The Use of Independent Fairness Opinions and the Performance of Acquiring Firms, Journal of Accounting Auditing & Finance, 25 (25), pp. 323–350.

[66] Chuang K–S, 2014, Financial Advisors, Financial Crisis, and Shareholder Wealth in Bank Mergers, Global Finance Journal, 25 (3), pp. 229–245.

[67] Craswell A T, Francis J R, Taylor S L, 1995, Auditor Brand Name Reputations and Industry Specializations, Journal of Accounting & Economics, 20 (3), pp. 297–322.

[68] Darby M R, Lott J R, 1989, Qualitative Information, Reputation, and Monopolistic Competition, International Review of Law & Economics, 9 (9), pp. 87–103.

[69] Derrien F, Dessaint O, 2014, The Effects of Investment Bank Rankings: Evidence from M&A League Tables, SSRN working paper.

[70] Dye R A, 1985, Disclosure of Nonproprietary Information, Journal of Accounting Research, 23 (1), pp. 123–145.

[71] Eccles R G, Crane D B, 1988, Doing Deals: Investment Banks at Work, MA: Harvard Business School Press.

[72] Ellison G. 1994, Cooperation in the Prisoner's Dilemma with Anonymous Random Matching, Review of Economic Studies, 61 (3), pp. 567–588.

[73] Ertugrul M, Krishnan K, 2011 Advisor Skill and Acquisition Performance: Do Investment Bankers Make a Difference? SSRN working paper.

[74] Ertugrul M, Krishnan K, 2014, Investment Banks in Dual Roles: Acquirer M&A Advisors as Underwriters, Journal of Financial Research, 37 (2), pp. 159-189.

[75] Fang L H, 2005, Investment Bank Reputation and the Price and Quality of Underwriting Services, The Journal of Finance, 60 (6), pp. 2729-2761.

[76] Fang L H, Yasuda A, 2014, Are Stars' Opinions Worth More? The Relation between Analyst Reputation and Recommendation Values, Journal of Financial Services Research, 46 (3), pp. 235-269.

[77] Francis B B, Hasan I, Sun X, Waisman M, 2014, Can Firms Learn by Observing? Evidence from Cross-Border M&As, Journal of Corporate Finance, 25 (April), pp. 202-215.

[78] Francis J R, Martin X, 2010, Acquisition Profitability and Timely Loss Recognition, Journal of Accounting and Economics, 49 (1-2), pp. 161-178.

[79] Frye M B, Wang W, 2010, Boards, Uncertainty, and the Use of Fairness Opinions, Corporate Governance: An International Review, 18 (1), pp. 48-63.

[80] Golubov A, Petmezas D, Travlos N G, 2012, When It Pays to Pay Your Investment Banker: New Evidence on the Role of Financial Advisors in M&As, The Journal of Finance, 67 (1), pp. 271-311.

[81] Greif A, 1993, Contract Enforceability and Economic Institutions in Early Trade: The Maghribi Traders' Coalition, American Economic Review, 83 (3), pp. 525-548.

[82] Greif A, Milgrom P, Weingast B R, 1994, Coordination, Commitment, and Enforcement: The Case of Merchant Guilds, Journal of Political Economy, 102 (4), pp. 745-776.

[83] Habib M A, Ljungqvist A P, 2001, Underpricing and Entrepreneurial Wealth Losses in IPOs: Theory and Evidence, Review of Financial Studies, 14 (2), pp. 433-458.

[84] Hanley K W, Hoberg G, 2012, Litigation Risk, Strategic Disclosure and the Underpricing of Initial Public Offerings, Journal of Financial Economics, 103 (2), pp. 235-254.

[85] Hansen R G, 1987, A Theory for the Choice of Exchange Medium in Mergers and Acquisitions, Journal of Business, 60 (1), pp. 75-95.

[86] Hayward, Mathew L A, 2003, Professional Influence: The Effects of Investment Banks on Clients' Acquisition Financing and Performance, Strategic Management Journal, 24 (9),

pp. 783-801.

[87] Heal G, 1976, Do Bad Products Drive out Good? Quarterly Journal of Economics, 90 (3), pp. 499-502.

[88] Healy P M, Palepu K G, Ruback R S, 1997, Which Takeovers Are Profitable? Strategic or Financial? Sloan Management Review, 38 (4), pp. 45-57.

[89] Hong H, Kubik J D, 2003, Analyzing the Analysts: Career Concerns and Biased Earnings Forecasts, Journal of Finance, 58 (1), pp. 313-351.

[90] Hoskisson R E, Hitt M A, 1994, Downscoping: How to Tame the Diversified Firm, New York: Oxford University Press.

[91] Huang Q, Jiang F, Lie E, Yang K, 2014, The role of investment banker directors in M&A, Journal of Financial Economics, 112 (2), pp. 269-286.

[92] Hunter W C, Jagtiani J, 2003, An Analysis of Advisor Choice, Fees, and Effort in Mergers and Acquisitions, Review of Financial Economics, 12 (1), pp. 65-81.

[93] Ismail A, 2010, Are Good Financial Advisors Really Good? The Performance of Investment Banks in the M&A Market, Review of Quantitative Finance and Accounting, 35 (4), pp. 411-429.

[94] Jung W O, Kwon Y K, 1988, Disclosure When the Market Is Unsure of Information Endowment of Managers, Journal of Accounting Research, 26 (1), pp. 146-153.

[95] Kale J R, Kini O, Ryan H E, 2003, Financial Advisors and Shareholder Wealth Gains in Corporate Takeovers, Journal of Financial and Quantitative Analysis, 38 (3), pp. 475-501.

[96] Kanagaretnam K, Lim C Y, Lobo G J, 2010, Auditor Reputation and Earnings Management: International Evidence from the Banking Industry, Journal of Banking & Finance, 34 (34), pp. 2318-2327.

[97] Kandori M, 1992, Repeated Games Played by Overlapping Generations of Players, Review of Economic Studies, 59 (1), pp. 81-92.

[98] Kesner I F, Shapiro D L, Sharma A, 1994, Brokering Mergers: An Agency Theory Perspective on the Role of Representatives, Academy of Management Journal, 37 (3), pp. 703-721.

[99] Kimbrough M D, Louis H, 2011, Voluntary Disclosure to Influence Investor Reactions to

Merger Announcements: An Examination of Conference Calls, Accounting Review, 86 (2), pp. 637-667.

[100] King D R, Dalton D R, Daily C M, Covin, J G, 2004, Meta - Analyses of Post - Acquisition Performance: Indications of Unidentified Moderators, Strategic Management Journal, 25 (2), pp. 187-200.

[101] Kisgen D J, Qian J Q, Song W, 2009, Are Fairness Opinions Fair? The Case of Mergers and Acquisitions, Journal of Financial Economics, 91 (2), pp. 179-207.

[102] Klein B, Crawford R G, Alchian A A, 1978, Vertical Integration, Appropriable Rents, and the Competitive Contracting Process, The Journal of Law & Economics, 21 (2), pp. 297-326.

[103] Klein B, Leffler K B, 1981, The Role of Market Forces in Assuring Contractual Performance, The Journal of Political Economy, 89 (4), pp. 615-641.

[104] Kreps D M, Milgrom P, Roberts J, Wilson R, 1982, Rational Cooperation in the Finitely Repeated Prisoners' Dilemma, Journal of Economic Theory, 27 (2), pp. 245-252.

[105] Lawrence A, Minuttimeza M, Zhang P, 2011, Can Big 4 versus Non-Big 4 Differences in Audit-Quality Proxies Be Attributed to Client Characteristics? Accounting Review, 86 (1), pp. 259-286.

[106] Li K, Prabhala N R, 2007, Chapter 2-Self-Selection Models in Corporate Finance, Handbook of Empirical Corporate Finance, 1, pp. 37-86.

[107] Lin C, Officer M S, Zou H, 2011, Directors' and Officers' Liability Insurance and Acquisition Outcomes, Journal of Financial Economics, 102 (3), pp. 507-525.

[108] List J A, 2006, The Behavioralist Meets the Market: Measuring Social Preferences and Reputation Effects in Actual Transactions, Journal of Political Economy, 114 (1), pp. 1-37.

[109] Lubatkin M, 1983, Mergers and the Performance of the Acquiring Firm, Academy of Management Review, 8 (2), pp. 218.

[110] MacKinnon D P, Lockwood C M, Hoffman J M, West S G, Sheets V, 2002, A comparison of Methods to Test Mediation and Other Intervening Variable Effects, Psychological Methods, 7 (1), pp. 83-104.

[111] Makhija A K, Narayanan R P, 2007, Fairness Opinions in Mergers and Acquisitions, SS-

RN working paper.

[112] Mclaughlin R M, 1990, Investment-banking Contracts in Tender Offers: An Empirical Analysis, Journal of Financial Economics, 28 (1-2), pp. 209-232.

[113] Mclaughlin R M, 1992, Does the Form of Compensation Matter? Investment Banker Fee Contracts in Tender Offers, Journal of Financial Economics, 32 (2), pp. 223-260.

[114] Mclaughlin R M, 1996, Adverse Contract Incentives and Investment Banker Reputation: Target Firm Tender Offer Fees, Journal of Financial Research, 19 (1), pp. 135-156.

[115] Megginson W L, Weiss K A, 1991, Venture Capitalist Certification in Initial Public Offerings, The Journal of Finance, 46 (3), pp. 879-903.

[116] Meyer J W, Rowan B, 1977, Institutionalized Organizations: Formal Structure as Myth and Ceremony, American Journal of Sociology, 83 (2), pp. 340-363.

[117] Milgrom P R, North D C, Weingast B R, 1990, The Role of Institutions in the Revival of Trade: The Medieval Law Merchant, Private Judges, and Champagne Fairs, Economics & Politics, 2 (1), pp. 1-23.

[118] Nain A, Yao T, 2013, Mutual Fund Skill and The Performance of Corporate Acquirers, Journal of Financial Economics, 110 (2), pp. 437-456.

[119] Ouyang W, 2015, The Effect of M&A Advisors' Opinions on Acquirer Shareholder Voting, The Quarterly Review of Economics and Finance, 57 (August), pp. 175-190.

[120] Parvinen P, Tikkanen H, 2007, Incentive Asymmetries in the Mergers and Acquisitions Process, Journal of Management Studies, 44 (5), pp. 759-787.

[121] Pfeffer J, 1981, Power in Organizations, MA: Pitman Marshfield Press.

[122] Porrini P, 2006, Are Investment Bankers Good for Acquisition Premiums? Journal of Business Research, 59 (1), pp. 90-99.

[123] Preacher K J, Hayes A F, 2004, SPSS and SAS procedures for estimating indirect effects in simple mediation models, Behavior Research Methods, 36 (4), pp. 717-731.

[124] Rau P R, 2000, Investment Bank Market Share, Contingent Fee Payments, and the Performance of Acquiring Firms, Journal of Financial Economics, 56 (2), pp. 293-324.

[125] Reuer J J, Koza M P, 2000, Asymmetric Information and Joint Venture Performance: Theory and Evidence for Domestic and International Joint Ventures, Strategic Management Journal, 21 (1), pp. 81-88.

[126] Schijven M, Hitt M A, 2012, The vicarious, Wisdom of Crowds: Toward A Behavioral Perspective on Investor Reactions to Acquisition Announcements, Strategic Management Journal, 33 (11), pp. 1247-1268.

[127] Scholes M, Benston G J, Smith C W, 1976, A Transactions Cost Approach to the Theory of Financial Intermediation, The Journal of Finance, 31 (2), pp. 215-231.

[128] Servaes H, Zenner M, 1996, The Role of Investment Banks in Acquisitions, Review of Financial Studies, 9 (3), pp. 787-815.

[129] Shapiro C, 1983, Premiums for High Quality Products as Returns to Reputations, The Quarterly Journal of Economics, 98 (4), pp. 659-679.

[130] Sharma A, 1997, Professional as Agent: Knowledge Asymmetry in Agency Exchange, Academy of Management Review, 22 (3), pp. 758-798.

[131] Shleifer A, Vishny R W, 1986, Large Shareholders and Corporate Control, Journal of Political Economy, 94 (3), pp. 461-488.

[132] Shleifer A, Vishny R W, 1997, A Survey of Corporate Governance, The Journal of Finance, 52 (2), pp. 737-783.

[133] Shrout, P E, Bolger N, 2002, Mediation in Experimental and Nonexperimental Studies: New Procedures and Recommendations, Psychological Methods, 7 (4), pp. 422-445.

[134] Sibilkov V, Mcconnell J J, 2014, Prior Client Performance and the Choice of Investment Bank Advisors in Corporate Acquisitions, Review of Financial Studies, 27 (8), pp. 2474-2503.

[135] Singh H, Montgomery C A, 1987, Corporate Acquisition Strategies and Economic Performance, Strategic Management Journal, 8 (4), pp. 377-386.

[136] Sirower M L, 1997, The Synergy Trap: How Companies Lose the Acquisition Game, New York: Simon and Schuster Press.

[137] Sirower M L, Lipin S, 2003, Investor Communications: A Message of Confidence in The Deal, Mergers & Acquisitions: The Dealermaker's Journal, 38 (10), pp. 21.

[138] Sleptsov A, Anand J, Vasudeva G, 2013, Relational Configurations with Information Intermediaries: The Effect of Firm - Investment Bank Ties on Expected Acquisition Performance, Strategic Management Journal, 34 (8), pp. 957-977.

[139] Song W, Wei J, Zhou L, 2013, The value of 'boutique' financial advisors in mergers and

acquisitions, Journal of Corporate Finance, 20 (April), pp. 94-114.

[140] Stiglitz J E, Weiss A, 1983, Incentive Effects of Terminations: Applications to the Credit and Labor Markets, American Economic Review, 73 (5), pp. 912-927.

[141] Thomas H A, 1995, Effects of Firm Ownership Structure on Hiring of M&A Advisors, Journal of Financial Services Research, 9 (2), pp. 159-175.

[142] Varaiya N P, Ferris K R, 1987, Overpaying in Corporate Takeovers: The Winner's Curse, Financial Analysts Journal, 43 (3), pp. 64-70.

[143] Walter T S, Yawson A, Yeung C P W, 2008, The Role of Investment Banks in M&A Transactions: Fees and Services, Pacific-Basin Finance Journal, 16 (4), pp. 341-369.

[144] Wang C, Xie F, Zhang K, 2014, Expert Advice: Industry Expertise of Financial Advisors in Mergers and Acquisitions, SSRN working paper.

[145] Wang W, Whyte A M, 2010, Managerial Rights, Use of Investment Banks, and the Wealth Effects for Acquiring Firms' Shareholders, Journal of Banking & Finance, 34 (1), pp. 44-54.

[146] Williamson O E, 1979, Transaction-Cost Economics: The Governance of Contractual Relations, Journal of Law & Economics, 22 (2), pp. 233-261.

[147] Williamson O E, 1985, Assessing Contract, Journal of Law Economics & Organization, 1 (1), pp. 177-208.

[148] Wolinsky A, 1983, Prices as Signals of Product Quality, Review of Economic Studies, 50 (4), pp. 647-658.

重要术语索引

T

W

X

Y

Z